世界の配慮表現

早上好
Can you...? 미안하지만
لا فعلا
kindly 能不能～？
ح ص
ดีกว่า 아/어주세요
ご笑納ください
어디좀가고있어요 แอบ
สวัสดี 我(们)认为～
等一下 僭越ですが
فرصة سعيدة

山岡政紀・西田光一・李奇楠編

ひつじ書房

まえがき

　世界の諸言語における配慮表現を比較対照しながら配慮表現という言語現象の実像を虚心坦懐に議論考察したい——そんな目的で本書は生まれた。
　良好な人間関係のために、ことばを工夫すること自体は、世界のどの言語でも、その話し手の関心にあると思われる。しかし、どのように工夫するかは、個々の言語、または個々の言語コミュニティの慣習に応じて、大きく違ってくる。本書は、当初、日本語で対人配慮を表す慣習的表現の研究から始まった取り組みが、世界の諸言語にどのような広がりを持つかという問題意識に基づきつつ、個別言語の配慮表現を詳細に記述することも目的としている。

配慮表現と配慮

　配慮表現と配慮は、日本語を見ているとよく一致するため、つい同じに思えてくるが、両者は分けて考えることが肝要である。配慮表現は言語の問題であり、配慮は心の問題である。例えば、日本では買い物で店員がレジでお釣りをわたすとき、「420円です」というより「420円になります」という方が客への配慮を表す。この場合、「420円」とだけ言って客に渡す店員がいるとは考えにくい。もちろん、町の八百屋のように客と顔見知りの場合は、店主が「420円」とだけ言うことは十分にある。既に人間関係が出来ている間柄では過度の配慮は押し付けがましくなるからである。
　ところが英語ではお釣りには"Four-twenty"という返し方しかない。コンビニでも、デパートでも、顔見知りのパン屋でも、金額を言うだけである。言い換えると、英語には「です」を「になります」に置き換えるような日本語的な配慮表現はない。しかし、英語圏の話し手たちに配慮がないわけではない。また英語に配慮表現がないわけでもない。ただ、日本語ほど、どの言い方にも粗略バージョンと配慮バージョンが揃っていないだけである。

各言語の配慮表現と配慮の関係は、各文化圏の料理とおいしさの関係と比べてみても良い。おいしさへの選好は人間の基本的な欲求であり、細かく言えば、一人一人で全て違う。甘いのが好きな人もいれば、辛いのが好きな人もいる。一方で、文化圏という集団単位で慣習化した味の選好もあり、例えば日本食では昆布出汁が美味しいとされ、フランス料理ではバターが美味しいとされる。家庭を最小の文化圏とすると、家庭料理を通じて、文化圏の味の慣習が個人のおいしさの選好に影響を及ぼすことが見えてくる。

　配慮表現は、後者の集団レベルのことばの慣習化を扱う。なかでも敬語は動詞の活用をはじめ、日本語の文法に全体的に関わるが、一言で言うと、配慮表現の研究では敬語は主な関心ではない。慣習化して固定した表現よりも、むしろ慣習化の段階や慣習化のバリエーションの方に関心がある。

　文化圏の単位では日本食という切り方も大味に過ぎる。日本国内には約1000の醬油メーカーがあり、それだけ各地域で味の選好に関する慣習が細分化されている。これと同じように、日本語の配慮表現も地域、世代、業界、共通の趣味といった集団ごとに細かく分かれているだろう。

　一方で、個人のおいしさの選好から始まって文化圏全体の味に広がることもある。各地の名物ラーメンも、もとを辿れば地元の名店があり、そこから暖簾分けで味の文化圏が形成されてきた経緯がある。英語のような言語では、集団の慣習より、まず個人の配慮をみるべきかもしれない。一人一人の配慮を区分するほど言語表現を細分化することは無理であり、それならば配慮を配慮表現に転化するのを最初から控えておくのも合理的だろう。個人レベルの配慮の表し方が集団レベルの配慮表現を更新する要因にもなる。

　本書では世界各地の言語に言及しつつ、一人一人の配慮を表す表現から集団で慣習化した配慮表現までの諸相を議論したい。当然、言語間の違いや同じ言語内でもコミュニティ間の違いが出てくる。価値観的に相容れないこともあるだろう。納豆や梅干しをおいしいとする日本人がいる一方で、どうしても食べられない外国人がいるのと同じである。ただし、どの表現にも人間関係を良好にしようとする工夫があり、その工夫の根拠が分かれば、そのおいしさも理解できるだろう。これは外国語教育をはじめ、言語教育一般に貢献する知見と考えられる。ぜひ本書の各章から世界の配慮表現を賞味し、さ

らには、その調理法までマスターしていただけると幸いである。

言語の多様性と配慮表現の多様性
　本書の著者陣はそれぞれ国内外の大学に勤務し、日本語および諸言語の研究の第一線で活躍する傑出した人材であり、それぞれが自己の研究に一家言を持っている。その著者陣が配慮表現という共通テーマのもと、対象言語の異なりのみならずそれぞれの知見をもとに考察・執筆に取り組んできたので各章それぞれに個性がにじみ出ている。本書が料理のフルコースだとすればさながらフードダイバーシティとでも言うべきだろうか。
　言語類型論的に見ても本書の考察は多様な言語を対象としている。膠着語の日本語・韓国語、屈折語の英語・アラビア語、そして、孤立語の中国語・タイ語と、いずれも各類型を代表する諸言語である。配慮表現という言語現象が多様な言語類型を超えて普遍的に見られる現象であり、それが各言語において具現化される際の多様な様相を俯瞰することができる。
　この世界を生き、よりよい社会を構築にするには他者への配慮に富んだ双方向コミュニケーションが不可欠である。ただ、同じ言語行為でも配慮の認知的特徴が異なるため、その表現スタイルが異なってくるのは自然なことである。本書はそのことを具体的に検証する実証研究ともなっている。
　たとえば、謙遜表現の１つである「僭越ながら」の「僭越」は中国語起源の語で、身分・地位をわきまえない出過ぎたさまを形容する語である。この語は現代中国語でも用いられるが、他者を非難する攻撃表現（第９章参照）としても多く用いられるのに対して日本語では「僭越ながら」、「僭越ではございますが」のように逆接の接続助詞と共に慣習化して、自身の言語行為の尊大さを薄めるための謙遜表現として用いられる。このように類似の語彙が慣習的な組み合わせの異なりによって別の機能を持つ現象は、日中語用論的対照研究の可能性と必要性を示している。
　《挨拶》の表現を見ると、天候や健康の喜びを述べる「こんにちは（よいお天気で）」（日）、"good morning"（英）、"你好"（中）や、相手の状態を問いかける "How are you?"（英）、"Comment ça va?"（仏）、"Como estas?"（西）、「お元気ですか」（日）の他に、相手の行為について問いかける「吃饭了吗？」（ご

飯は食べたか、中)、"kin khâaw maa rǔɯ yaŋ"（もう食事は済んだの？、タイ)、「어디 가세요」（お出かけですか、韓)」など、多種多様である。

　一方で構造が異なる言語の間に共通の発想が見て取れるのも興味深い。どの言語でも日常的に多用されて相手に気を遣う発話機能と言えば《依頼》だが、第1章では英語、中国語、日本語における可能疑問の形式 "Can you …?"（英）、「能不能〜？」（中）、「〜てもらえますか？」（日）がいずれも《依頼》の配慮表現として慣習化していることを取り上げた。さらに「해주실 수 있겠습니까？」（韓国語)、「hây nɔ̀y dâay máy」（タイ語）もまた可能疑問の形式が用いられた《依頼》の配慮表現である。また、アラビア語の《依頼》に用いられる "mumkn" は許可要求の表現で、日本語の「〜てもらっていいですか？」と発想が共通しているのが興味深い。

　日本料理、中華料理、韓国料理、タイ料理、アラブ料理と聞けば、その多様性に胸躍る。米国料理、英国料理は日本では意外と馴染みが薄いが、それぞれに立派な個性があることは現地で暮らしてみるとわかる。日本で人気と言えば他に欧州ならフランス、イタリア、スペイン料理、アジアならベトナム、インドネシア、インド料理などの名前を聞くだけでもワクワク感があるが、配慮表現研究もそのぐらいの視野の広さをもって世界展開を構想してみたいものである。

　人工知能、AIの発展に象徴される社会的変遷に伴ってキャッシュレスの時代が訪れ、店での店員さんとの言葉のやり取りがなくなるケースも増えてきた。それだけではなく、インターネットやSNSのコミュニケーションでは他者への配慮を全く欠いたコミュニケーションも横行している。そういう時代だからこそ人間社会の原点に還って配慮表現を普遍的な人類の智慧として活用する時代になっているのではないかと思う。本書が配慮表現研究の言語を超えた味わい深さを読者に伝えることに成功したならば、編者として望外の喜びである。

2025年4月

　　　　　　　　　　　　　　　　　　　　　　編者　西田光一・李奇楠

目　次

まえがき　　　　　　　　　　　　　　　　　　　　　　　　　　　　iii

第1章　配慮表現の普遍性と個別性
山岡政紀・西田光一・李奇楠 ─────────────────── 1
1.1　配慮表現とポライトネス　　　　　　　　　　　　　　　　　　1
1.2　日本における配慮表現研究の出現　　　　　　　　　　　　　　4
1.3　慣習と動機づけ　　　　　　　　　　　　　　　　　　　　　　6
1.4　《依頼》の配慮表現における4段階の慣習化　　　　　　　　　　7
　　1.4.1　英語における《依頼》の配慮表現の慣習化　　　　　　　8
　　1.4.2　中国語における《依頼》の配慮表現の慣習化　　　　　　11
　　1.4.3　日本語における《依頼》の配慮表現の慣習化　　　　　　12
　　1.4.4　他言語における《依頼》の配慮表現の慣習化　　　　　　14
1.5　配慮表現の言語間対照における5つのタイプ　　　　　　　　　15
1.6　配慮表現の普遍性と井出祥子の「場」　　　　　　　　　　　　20
1.7　本章のまとめ　　　　　　　　　　　　　　　　　　　　　　　22

第2章　日本語の配慮表現
小野正樹・山岡政紀 ────────────────────── 25
2.1　はじめに　　　　　　　　　　　　　　　　　　　　　　　　　25
2.2　言語による慣習化の異なり　　　　　　　　　　　　　　　　　25
2.3　敬語とポライトネス　　　　　　　　　　　　　　　　　　　　28
　　2.3.1　日本語の敬語の背景にある時代の変遷　　　　　　　　　28
　　2.3.2　ポライトネス理論の基礎にある宗教的聖性と人間的配慮　30

2.3.3　時代と敬語―古代から近代、そして現代へ	32
2.3.4　国語審議会に見る敬語から敬意表現への拡張	37
2.3.5　敬意表現から配慮表現へ	40
2.4　「配慮表現」とは	42
2.4.1　「配慮」に対する関心の高まり	42
2.4.2　賞賛表現「すごい」の機能	43
2.4.3　謙遜表現「自分で言うのも何ですが」の機能	46
2.5　まとめ	48

第3章　英語の配慮表現
西田光一　　　　　　　　　　　　　　　　　　　　　51

3.1　はじめに	51
3.2　ポライトネス理論と配慮表現	52
3.3　マルチトラックモデル	54
3.3.1　言語的メッセージを包む容器	54
3.3.2　言語的メッセージを包む容器の複層化	55
3.3.3　サブトラック2の使い方	56
3.4　リンガフランカとしての英語	61
3.5　本研究の理論的含意	64
3.5.1　配慮表現の言語学での位置づけと語用論の役割	64
3.5.2　他の配慮表現との関連	65
3.5.3　配慮表現とネガティブポライトネスの違い	67
3.6　結論	69

第4章　中国語の配慮表現
李奇楠　　　　　　　　　　　　　　　　　　　　　73

4.1　はじめに	73
4.2　先行研究	74
4.3　出会いにおける《挨拶》の表現	74
4.4　《依頼》における配慮表現	86
4.5　《忠告》におけるヘッジ表現	91

4.6　おわりに　93

第 5 章　韓国語の配慮表現
金玉任 ———————————————————— 97

5.1　はじめに　97
5.2　配慮表現とポライトネス　98
5.3　《依頼》における配慮表現　98
　5.3.1　授受表現　99
　5.3.2　前置き　101
　5.3.3　副詞的表現　103
　5.3.4　文末表現　104
5.4　《忠告》におけるヘッジ表現　106
5.5　出会いにおける《挨拶》　108
5.6　おわりに　109

第 6 章　タイ語の配慮表現
スワンナクート・パッチャラーパン ———————————— 115

6.1　はじめに　115
6.2　出会いにおける《挨拶》　116
6.3　《依頼》における配慮表現　118
6.4　《忠告》におけるヘッジ表現　120
6.5　《主張》における配慮表現　123
6.6　《感情表出》における配慮表現　124
6.7　まとめ　125

第 7 章　アラビア語の配慮表現
リナ・アリ ———————————————————— 131

7.1　はじめに　131
7.2　アラビア語の配慮表現　133
　7.2.1　出会いにおける《挨拶》　134

7.2.2　《依頼》における配慮表現　　　　　　　　　　136
  7.2.3　《忠告》におけるヘッジ表現　　　　　　　　　139
  7.2.4　《賛同》における配慮表現　　　　　　　　　　141
 7.3　最新の研究成果　　　　　　　　　　　　　　　　　142
 7.4　おわりに　　　　　　　　　　　　　　　　　　　　145

第8章　配慮表現に関わるテンスの日英対照
牧原功・西田光一 ──────────────────── 149
 8.1　はじめに　　　　　　　　　　　　　　　　　　　　149
 8.2　NPSとしてのテンス　　　　　　　　　　　　　　　150
  8.2.1　日本語におけるNPSとしてのテンス　　　　　150
  8.2.2　英語におけるNPSとしてのテンス　　　　　　152
 8.3　PPSとしてのテンス　　　　　　　　　　　　　　　154
  8.3.1　テンスの操作はどこで行われるのか―接触(Contact)　154
  8.3.2　英語におけるPPSとしての現在時制　　　　　156
  8.3.3　日本語におけるPPSとしてのテンスの操作　　158
 8.4　対人配慮はどこに現れるのか　　　　　　　　　　　160
  8.4.1　談話構造からみた対人配慮　　　　　　　　　161
  8.4.2.　文構造からみた対人配慮　　　　　　　　　　163
 8.5　まとめと課題　　　　　　　　　　　　　　　　　　164

第9章　マイナス評価の配慮表現に関する日中対照
李奇楠・山岡政紀 ──────────────────── 167
 9.1　はじめに　　　　　　　　　　　　　　　　　　　　167
 9.2　ポライトネスとマイナス評価　　　　　　　　　　　167
  9.2.1　発話機能としての《評価》の位置づけ　　　　167
  9.2.2　対者評価としての《賞賛》と《非難》　　　　169
  9.2.3　インポライトネスとマイナス評価　　　　　　171
 9.3　プラス評価とマイナス評価　　　　　　　　　　　　172
 9.4　《非難》における配慮表現　　　　　　　　　　　　176
  9.4.1　《非難》に対する緩和表現のいろいろ　　　　176

9.4.2	副詞「ちょっと」と"一句"、"一下"、"有点"	181
9.4.3	タイ構文と"想〜"	184
9.4.4	反語的表現	185
9.5	まとめ	187

第 10 章　副詞による賛同表現の日英対照
甲田直美・西田光一・山岡政紀 ———————————— 191

10.1	はじめに	191
10.2	日本語の事実性の副詞による賛同表現への慣習化現象	192
10.2.1	事実性を表す副詞「たしかに」	192
10.2.2	事実性の副詞から会話における賛同表現へのシフト	192
10.2.3	副詞から応答詞が派生	193
10.2.4	事実性の原義を喪失して賛同のみに特化する現象	194
10.3	英語の事実性の副詞による賛同表現への慣習化現象	195
10.3.1	事実性を表す副詞 "exactly"	195
10.3.2	事実性の副詞から会話における賛同表現へのシフト	196
10.3.3	副詞から応答詞が派生	197
10.3.4	事実性の原義を完全に捨象できるか	197
10.4	用法の拡張と推論	198
10.5	まとめ	204

あとがき	207
索引	211
執筆者紹介	219

第 1 章　配慮表現の普遍性と個別性

山岡政紀・西田光一・李奇楠

1.1　配慮表現とポライトネス

　配慮表現とは何か。このことの整理のためにまず配慮表現の定義を確認しておきたい。編者山岡は山岡(2015)で「対人的コミュニケーションにおいて、相手との対人関係をなるべく良好に保つことに配慮して用いられることが、一定程度以上に慣習化された言語表現」[1]であると定義した。それ以降の論考では一貫してこの定義を維持している。本書の「はじめに」において、配慮表現とは「他者との対人関係を良好に維持するために用いられる慣習的な表現」のことであると述べたのは、この定義を簡略化したものである。

　この定義を見れば、配慮表現がポライトネスを動機づけとする表現であることは明らかだが、同時に配慮表現がポライトネスそのものでないことも示されている。「慣習化された言語表現」と限定しているからである。

　ポライトネス理論は主に Leech(1983) や B&L(1987) で提唱された理論体系で、対人コミュニケーションを調整しようとする心理的な動機づけを言語化して記述し、それに基づく対人行動全般を説明する説明原理として体系化したものである。特に B&L(1987) は、対人関係（親疎・上下）や特定文化における行為の負荷度などを変数としてポライトネスの対人行動が変容することをポライトネスストラテジーとして説明しており、これによってポライトネスの文脈依存性を的確に記述している。

　ポライトネスストラテジーによって選択される対人行動は主として言語行動であるが、何も発話しないという選択や表情・身振り・対人距離といった

非言語行動も含まれる。つまり、ポライトネスは人間の行動全体に広範に見られる機能現象であるから、必然的にポライトネス理論は言語理論に留まらず、社会学、人類学の領域にも重なる学際的理論となる。

　さらに言語行動に現れるポライトネスも、本来、特定の語彙や表現の意味として固定されるものではなく、極めて文脈依存的で流動的な機能現象である。ポライトネスの文脈依存性を理解するうえでわかりやすい例を2つ挙げておきたい。

　その典型的な事例は、宇佐美（1995）などの一連の研究で指摘されたスピーチレベルシフトの機能である。敬体（丁寧体）の談話を常体（普通体）にシフトすることは、ある文脈では親しみを表すポジティブポライトネスにもなるが、別の文脈では相手を見下すインポライトネスにもなり得る。逆に常体を敬体にシフトすることも、ある文脈では相手への敬意を表すポジティブポライトネスにもなるが、夫婦げんかのような文脈では相手と距離を置こうとするインポライトネスとなる。つまり、敬体か常体かという形式選択が持つポライトネス機能は文脈によって変わるというのである。

　ポライトネスの文脈依存性を示すもう1つの事例としてほめ言葉が挙げられる。「きれいだね」のような対人的なほめ言葉は、ある文脈では相手を喜ばせるポジティブ・ポライトネスとなり得るが、人間関係や状況の異なりによる別の文脈では、アイロニー（皮肉）、ハラスメント（嫌がらせ）、マウンティング（上から目線）といったインポライトネスともなり得る。このように、ポライトネスという文脈依存的な機能現象は、原理的に言えば必ずしも特定の言語表現と固定的な関係を結ぶものではないのである。

　ところが、人間の社会生活では同じような対人的文脈が繰り返し生起する。例えば、人に何か品物を贈るという文脈は頻繁に現れる。その文脈で人は恩着せがましさを薄めることや、相手に借りを負ったと思わせないことなどを意図したポライトネスを動機づけとして、さまざまな表現を用いる。(1)、(2)はその例である。

（1）　大したものじゃないんですけど、よろしかったらお召し上がりください。

（２）　いつもお世話になっていますので、ほんの気持ちです。

　日本ではお中元やお歳暮といった伝統的な贈与の文化があって贈与の機会が頻繁にあるため、表現の選択が効率化され、この文脈にふさわしい表現が定式化し、慣習化していく。それが(3)である。

（３）　つまらないものですが、ご笑納ください。

　(3)では「つまらないものですが」も「ご笑納ください」も、それぞれ配慮表現である。
　本来、「つまらない」は「面白くない。興味が感じられない。意味や価値がない」といった否定的な意義(sense)をもった形容詞だが、このような贈与の文脈ではこの表現の原義が捨象されて相手に気を遣わせないためのポライトネス機能を帯びた便利な配慮表現として多用される。その結果、本来は臨時性、一回性を意味するはずの文脈依存性が、文脈と表現とがセットで慣習化する現象によって、あたかもその表現の意義のひとつであるかのように捉えられ、場合によっては辞書の項目として登載されるに至る。これが、本書において「配慮表現」と呼んでいる範疇群である。
　実際に国語辞書の「つまらない」の項には下記のように記載されている。

（４）　つまらない【詰まらない】［連語］①心がときめくようなことがなくて、面白くない。また、興味が感じられない。②意味や価値がない。また、無意味でばかばかしい。使い方「つまらないものですが、…」の形で、贈り物などを差し出すときに謙遜の気持ちを添える挨拶語としても使う。「つまらないものですが、ご笑納ください」
　　　　　　　　　　（『明鏡国語辞典』第三版(2021)、用例と③以下を省略）

　もっとも、「つまらないものですが」は次第に使われなくなり、2020年代の若年層はほとんど使わないという調査結果もある（塩田(2023)など）。このように、一度慣習化した表現が脱慣習化していくこともあり得る。したが

って、長期的視点で見れば依然としてその流動性は潜在的に滞留しており、配慮表現が一方向の変化の着点として固定的なものであるわけではない。このことも確認しておきたい。

1.2 日本における配慮表現研究の出現

　日本における配慮表現という概念の登場には3つの経路がある。

　第一の経路は、B&L（1987）のポライトネス理論を日本へ紹介する文脈で登場した。生田（1997: 68）が「ポライトネスは当事者同士の互いの面子の保持、人間関係の維持を慮って円滑なコミュニケーションを図ろうとする社会的言語行動を指す。その意味では、ことばのポライトネスは『配慮表現』、言語的『配慮行動』などと呼ぶほうが適切かもしれない」と述べたのが「配慮表現」という概念の初出である。

　第二の経路は、日本語学における個別の語法研究として出現した。その具体例として、会話中に現れる（5）〜（7）の下線部の語が配慮表現として指摘された。

（5）　君は試合には勝ったかもしれないが、実力はまだまだだと思ったほうがいい。
（6）　「今度のパーティーに私も参加してもいいですか」
　　　「ぜひ参加してください」
（7）　「一億円融資してほしいのですが」
　　　「その金額はちょっと無理です」

　（5）の「かもしれない」は可能性判断を表す原義ではなく、対人的な譲歩を表す（平田（2001）など）。（6）の「ぜひ」は強い要望を表す原義ではなく、許可ではなく歓迎の意を表すことで相手に配慮している（福島（2002）など）。（7）の「ちょっと」は低程度の原義ではなく、対人的な衝突を緩和する配慮を表している（牧原（2005）など）。

　これらはいずれも対人的な配慮の意識によって用いられている表現の存在

が把握されて考察対象となり、その結果、それらの表現群が配慮表現として範疇化されるに至った。これらの論考のうち、平田（2001）と牧原（2005）はB&Lのポライトネス理論を説明原理として用いて考察している。福島（2002）はポライトネス理論に言及してはいないものの、その考察内容はポライトネス理論に置き換えて論述できる趣旨の内容であった。

　つまり、これらは決してポライトネス理論を日本語に応用しようとして考察されたものではなく、日本語において配慮表現として把握された表現を考察する際にポライトネス理論を活用した、あるいは結果的としてポライトネスに関与したのである。

　ポライトネスが慣習化したものが配慮表現であるならば、配慮表現の説明原理として常にポライトネス理論が有効に働くのは当然である。しかし、逆は必ずしも真ならずで、ポライトネスが常に配慮表現という形態を採るわけではない。ポライトネスは本質的に文脈依存性を持っており、それが慣習化したときに限って配慮表現となるという限定を行ってはじめて両者の関係性は合理的でクリアな関係となる。このように、ポライトネスと配慮表現との間には慣習化という概念の橋渡しが極めて重要なのである。

　第三の経路は、文部科学省の諮問機関である国語審議会で議論検討された敬意表現である。1999年3月に開始した国語審議会第22期第1委員会は2000年12月に「現代社会における敬意表現」を答申した。これは従前の敬語よりも範囲を拡大し、「貸してくれよ」、「申し訳ないけど」のように敬語使用の有無に関わりなく対人的配慮として機能する表現を対象としたものであった。同委員会の主査を務めた井出祥子は敬意表現がポライトネス理論を念頭に置いたものであることを井出（2001）などで表明している。

　また、現在公開されている同審議会の議事録には「敬意表現」より「配慮表現」のほうが適切だとする意見が再三出されているが、審議事項の名称を途中で変更するのは好ましくないとの事務的な理由で却下されている。したがって、これも事実上の配慮表現研究の一部を成すものと捉えて差し支えない。ただし、井出（2006）はポライトネスと敬意表現との関係性について日本文化の独自性に由来するものと主張しており、この点は後の1.6で集中的に考察することにする。

以上述べた経緯は山岡編（2019）第1章「配慮表現研究史」に詳述しているので、参照されたい。

1.3　慣習と動機づけ

　1.2では配慮表現という範疇が日本語研究のなかから出現したことを述べた。しかし、1.1で述べた配慮表現の定義から考えれば、このようなポライトネス機能が慣習化する言語現象を日本語だけに限定する理由はどこにもなく、他の言語にも見られる普遍的現象であることは容易に予測できる。

　慣習化の概念を提示しているのはG. リーチである。Leech (1983: 24-30)では文法（主として統語論を指す）における規則（rule）と語用論における原理（principle）の対比を示す要件（postulate）の8項目のうちの1つとして、慣習（convention）と動機づけ（motivation）の対比を挙げている。

　統語論の規則（rule）は慣習的であり、人がその規則に従う合理的理由について理解も説明もできず、なぜその表現を用いるのかと問えば「そういう文法だから」としか答えようがない性格のものである。それに対して語用論の原理（principle）は相手に情報を正確に伝えたいとか、相手から何かを引き出したいといった会話のゴールを達成しようとする動機づけを合理的理由として対人行動（言語行動）を意識的に制御するものである。Leech (1983)が立てたポライトネスの原理（politeness principle）もまた、相手を喜ばせたい、相手との人間関係をよくしたいといった動機づけをもって言語行動を制御する語用論の原理の1つであった。

　しかし、慣習と動機づけとは決して排他的に二極化しているわけではなく相補的に関連し合っている。語用論の原理を支える動機づけはややもすると言語行動の効率化のためにその動機づけの意識が薄らいでいって定型表現の使用へと取って代わり、ある種の文法規則のような慣習に近づいていく。このような現象をリーチは慣習化（conventionalization）と呼んでいる。

　語用論的な動機づけに起因する文法規則の逸脱が長期的に慣習となって定着していった英語の事例として、Leech (1983)は（8）を挙げている。

（8）a. *Would you mind if I smoked?（私が煙草を吸ったらお気に障ったでしょうか）
　　 b. 　Would you mind if I smoke?（煙草を吸ってもよろしいでしょうか）

　（8a）における "Would you mind …?" は、より丁寧に要請しようとする動機づけをもって非現実過去形が選択された例であり、文法規則に従って時制の一致が見られる。この段階では動詞 mind の原義が生きている。しかし、この表現が類似の文脈で多用された結果、（8b）のように文法規則の逸脱（時制の不一致）が許容されるようになる。こうなるともはや "Would you mind …?" はポライトネス機能を帯びた《許可要求》の定型表現として慣習化したと認められる。リーチは配慮表現という用語を用いてはいないが、本書の立場から言えば、"Would you mind …?" は英語の配慮表現の 1 つと言える。
　このような慣習化が起きる代表的事例として、Leech (1983: 28) はメタファー（隠喩、metaphor）を挙げている。メタファーは本来、その使用者の動機づけに基づいて非慣習的に使用される。詩人が用いる詩的メタファーはその典型であり、作者の創意に基づく一回的で情緒的な表現である。例えば、詩中に「今日のぼくは沖に出る船だ」というメタファーがあるとして、その意味は高度に文脈依存的で読者にクリアに理解されるとは限らない。しかし、類似の文脈で繰り返し使用されるメタファーはやがて慣習化して死喩（dead metaphor）となり、当該語彙・表現の新たな語義として追加される。例えば、「答弁に窮した議員に同僚議員が助け舟を出した」のように使用される「助け舟を出す」はもはや既に慣習化した死喩である。
　メタファーが慣習化した死喩と、ポライトネスが慣習化した配慮表現との間にアナロジーが見られることは山岡（2017）で詳述している。

1.4　《依頼》の配慮表現における 4 段階の慣習化

　あらゆる語用論的現象は本来動機づけを持っているが同時に慣習化によってその動機づけを減退させる可能性も有している。語用論的現象が慣習化した場合の慣習（convention）と動機づけ（motivation）のバランスは常に相補的

であるが、その比率は多様で連続的である。そのことを Leech (1983) は慣習化の勾配性 (gradience) と呼んでいる。

本節では、配慮表現に使用される表現の原義がポライトネス機能を帯び、やがて慣習化によって完全に配慮表現となるまでを4段階に分けて、Leech (1983: 28) に用いられた依頼表現の用例を用いて説明したい。

《依頼》は相手に負担をかけるため相手のネガティブフェイスを脅かし、また、相手には受諾しないと対人関係を損ねるのではないかとの心理的負担を負わせてしまうためポジティブフェイスをも脅かす典型的な FTA (face-threatening act) であることがよく知られている。そのため、ポライトネス機能を帯びた表現形式が慣習化して依頼表現として多用されている現象が通言語的に見られる。その表現形式の代表的事例が可能疑問である。そのことを英語、中国語、日本語の3言語の事例を用いて検証したい。

それに先立って《依頼》の効力が発動するための語用論的条件を確認しておきたい（山岡 (2008: 83-86) をもとに表現を改変）。以下の通りである。

《依頼》の語用論的条件
①当該行為が聴者の意志によって実行可能な行為であること
②通常の事態の進行において聴者による当該行為の実行は自明ではないこと
③聴者による当該行為の実行は聴者自身の権限に基づくこと
④聴者による当該行為の実行は話者に利益をもたらすこと
⑤聴者が当該行為を実行することを話者が欲していること

1.4.1　英語における《依頼》の配慮表現の慣習化

可能疑問形式が《依頼》の効力を生み、ポライトネス機能を帯びた配慮表現として慣習化するまでの形式と機能の相関関係を4段階に分けて説明することができる。

〔第1段階（原義）〕
（9）　Can you swim?（泳げますか？）
（10）　Are you able to swim?（泳げますか？）

第1段階は可能疑問の原義がそのまま生きていて、文脈上、《依頼》の効力を発生しない段階である。この段階では、"Can you …?" と "Are you able to …?" の意義にほとんど差はない。

〔第2段階（配慮拡張）〕
（11）　Can you repair this watch?（この時計を修理できますか？）
（12）　Are you able to repair this watch?（この時計を修理できますか？）

　第2段階は可能疑問の原義が生きていて、それが文脈上、《依頼》の効力を生み出す段階である。例えば、話者が壊れた時計を持って時計販売店にやってきて、販売店の店主に対して（11）、（12）を発話したとする。その場合、修理能力を問うことは、必然的に店主の回答が "Yes." であることへの期待を含意し、時計修理の実行を店主に託そうとする《依頼》の効力を帯びる。《依頼》が成立するための語用論的条件には、①「当該行為が聴者の意志によって実行可能な行為であること」（以下、「実行可能性」と略記）という条件があり、実行可能性を相手に問うことの動機づけが《依頼》の発話目的を含意していると理解される。この段階の《依頼》の効力の発動は文脈依存度が高く、動機づけが強く働いている分、慣習化の度合いは弱い。

　このように直接的な《依頼》ではなく可能疑問からの文脈的な含意によって間接的に発生する《依頼》の効力は、相手に "Yes-No" の選択権を与えることも含めてポライトネス機能を帯びている。原義が生きたままポライトネス機能を帯びた配慮表現へと拡張するのでこの段階を「配慮拡張」と呼ぶ。

〔第3段階（配慮特化）〕
（13）　Can you pass me the salt?（お塩を渡してくれる？）
（14）??Are you able to pass me the salt?（お塩を渡すことは可能ですか？）

　第3段階は可能疑問の原義が捨象されて、ポライトネス機能に特化される段階である。(13)は食堂での隣席の人への《依頼》として成立し得る。"Can you …?" はこのように当該行為の実行可能性が自明であるような状況でも使

用される。第2段階では当該行為の実行可能性を相手に問うことが語用論的条件①充足への期待を含意して《依頼》を成立させていたが、第3段階ではその部分が短絡し、実行可能性を問うことの原義は捨象して、そのまま《依頼》として認識されるほどに慣習化しているということである。それでもこの表現は命令文を用いた《依頼》と比べれば、見かけ上は相手に Yes-No の決定権を委ねているので、《依頼》が相手に与える心理的負担の FTA を緩和するポライトネス機能を帯びた表現として多用され、依頼の配慮表現として慣習化したものと考えられる。

　いっぽう、(14)"Are you able to …?"はこのような実行可能性が自明であるような文脈では《依頼》とは解釈されず、不適格な発話となる。つまり、"Are you able to …?"は"Can you …?"と違って依頼の配慮表現として慣習化していないことを意味する。助動詞 can の意義である可能性は能力可能だけでなく状況可能等を含む広義であるのに対し、形容詞 able は能力可能に限定されている。(13)では話者の実行可能性ではなく、話者の欲求の実現可能性というある種の状況可能へと拡大解釈しており、そのことが"Can you …?"の依頼の配慮表現としての慣習化をもたらしたと考えられる。

　そのような観点から第2段階の(11)と(12)を再度比較すると、(12)のほうが《依頼》として解釈し得る文脈の制約が強く、(11)の方が慣習化している分、《依頼》と解釈されやすいことになる。例えば、時計販売店で客が(11)を発話すれば、客は店主に修理能力がある前提で修理を《依頼》していると解釈するのが自然である。以上のように、原義を捨象して配慮表現に特化するのでこの段階を「配慮特化」と呼ぶことにする。

〔第4段階〕

　このような配慮特化が定着していくと、英語教科書や文法書で"Can you …?"が依頼表現として記載されるようになる。このように慣習化によってポライトネス機能が定型句を形成したものは、1.1 の配慮表現の定義に合致するので、"Can you …?"は英語の配慮表現と言える。これが第4段階である。

　リーチ自身は配慮表現という用語を用いてはいないが、"Can you …?"がポライトネスの動機づけから慣習化した表現であることは認めているので、

あとは配慮表現を範疇化する必要性を認めるか否かだけの問題である。

1.4.2　中国語における《依頼》の配慮表現の慣習化

　上述のような可能疑問形式が依頼の配慮表現として慣習化する現象は中国語にも同様に見られる。中国語における可能疑問形式「能不能～？」(Néng bùnéng～？)および「能～吗？」(Néng～ma？)はポライトネス機能を持った依頼の配慮表現として慣習化していると認められる。しかし、類似の可能疑問形式「会～吗？」(Huì～ma？)は依頼の配慮表現として慣習化していない。英語と中国語には全く近親性がなく、借用や言語接触などによって類似の表現が移入したとは考えられず、同じ原理に基づく慣習化がそれぞれにおいて独立的に発生し、成立していったものと考えられる。

〔第 1 段階（原義）〕
(15)　你能不能游到对面？／你能游到对面吗？（向こうまで泳げますか？）
(16)　你会游到对面吗？　（同上）

　第 1 段階は能力を問う疑問文の原義がそのまま生きている。この段階ではポライトネスが関与しない点も英語と同様である。可能疑問の原義が生きている限りは、「能不能～？／能～吗？」と「会～吗？」の意義にほとんど差はない。

〔第 2 段階（配慮拡張）〕
(17)　你能不能修这块表？／你能修这块表吗？（この時計を修理できますか？）
(18)　你会修这块表吗？　（同上）

　第 2 段階は可能疑問の原義と《依頼》の効力とが両方読み取れる段階である。この段階では可能疑問の原義が生きているが、話者の所有する時計が故障していて誰かに修理を求めているような文脈であれば、(17)、(18)は《依頼》の効力を発動する。その原理は英語と同じである。

〔第3段階（配慮特化）〕
(19)　能不能把盐递给我？／你能把盐递给我吗？（お塩、取ってくれる？）
(20)??你会把盐递给我吗？

　第3段階は可能疑問の原義が捨象されて、ポライトネス機能に特化される段階である。「能不能〜？／能〜吗？」を用いた(19)は当該行為の実行可能性が自明であるような状況でも使用されて、《依頼》の効力を持つ。この表現は命令文を用いた《依頼》よりも相手に肯否の選択権を与える分、相手の心理的負担を緩和するポライトネス機能を帯びており、依頼の配慮表現として慣習化していると認められる。
　いっぽう、(20)の「会〜吗？」は英語の"Are you able to …?"と同様、実行可能性が自明であるような文脈では《依頼》とは解釈されず、不適格な発話となる。つまり、可能疑問の表現がすべて配慮表現として慣習化するわけではない。この点も英語と中国語は共通している。

〔第4段階〕
　以上の配慮特化が定着すると、中国語教科書や文法書で「能不能〜？」と「能〜吗？」が依頼表現として記載されるようになる。これもまた慣習化してポライトネス機能が定型句を形成したものは、1.1の配慮表現の定義に合致するので、「能不能〜？」と「能〜吗？」は中国語の配慮表現と言える。

1.4.3　日本語における《依頼》の配慮表現の慣習化
　可能疑問の一部の形式が依頼の配慮表現として慣習化して用いられるのは英語と中国語において通言語的に見られた現象だが、ここでは日本語において同じ現象が見られるのかどうかを確認したい。

〔第1段階（原義）〕(21) 泳げますか？

　(21)は可能疑問の原義がそのまま生きた文である。この段階では《依頼》の効力は全く生まれない。

〔第2段階（配慮拡張）〕（22）この時計を修理できますか？

　（22）は故障した時計を持って時計の販売店を訪れた客の発話であるとすれば、英語、中国語の第2段階と同じく、文脈の制約によって相手が実行可能であることへの期待を含意し、その結果《依頼》の効力が発動する。
　それではこの表現を、実行可能性が全く自明であるような文脈で用いた場合、《依頼》となり得るであろうか。食堂の隣席の人にその人の前にある塩を取ってくれるように依頼する場合、この形式は有効であろうか。

〔第3段階（配慮特化）〕（23）??お塩、取れますか？
　　　　　　　　　　　（24）　お塩、取ってもらえますか？

　この文脈での（23）は、相手には皮肉かせいぜい無礼な依頼と取られて不適切である。（24）のように授受補助動詞〜テモラウを使用して話者の受益性を表現すれば、可能になる。
　このように見ると、日本語の可能疑問形式は適切な文脈でなければ依頼の効力は発動しない。つまり配慮表現として慣習化していないことになる。したがって、英語の（12）"Are you able to …?"や中国語の（18）「会〜吗？」と等価な位置にある。
　これに対して、日本語では（24）のように可能疑問と授受補助動詞テモラウの複合形式「〜てもらえるか」は受益性が明示された依頼の配慮表現として慣習化している。これは《依頼》が成立するための語用論的条件のうち、④「聴者による当該行為の実行は話者に利益をもたらすこと」（以下、「話者利益」とする）の充足を相手に求めるものである。授受補助動詞構文は意味上の格として「受益者」を必須格とする構文であり、かつ、テクレル構文とテモラウ構文において格成分が省略されている場合は、「受益者」は通常、話者自身であると解釈される。日本語の依頼表現はこの授受補助動詞構文が持つ構文特徴を利用して語用論的条件「話者利益」の充足を図ろうとするのである。
　（24）の〜テモラエルカは、当該行為の「実行可能性」と「話者利益」と

いう2つの語用論的条件の充足を相手に持ちかける意図が慣習化して依頼の配慮表現となったものである。否定形を用いた～テモラエナイカは、相手の受諾を肯定形の場合よりも低く見積もる点でより高いネガティブポライトネスが慣習化されたものと言える。

　もっとも、日本語の依頼表現には他にも～テクレルカ、～テクレナイカ、～テモライタイなど、慣習化した配慮表現の種類が豊富にある。このことは山岡他 (2010) 第8章「依頼における配慮表現」でも詳述している。それら他の表現群を見ると、可能疑問よりもむしろ授受補助動詞構文の使用という構文制約が強く働いており、その点は慣習化の度合いが他の表現群に比べてやや低い～テクレルトウレシイの類や近年急速に慣習化してきている～テモラッテイイカなどにも共通して見られる。

　このように見ると上述の第2段階、つまり、制限された文脈で可能疑問形式を用いた発話がその原義を活かしたまま《依頼》の効力を発動する段階では話者の動機づけに基づく普遍的な現象と見られるのに対し、第3段階、つまり、特定の形式がその原義を捨象して依頼の配慮表現として慣習化する段階になると、個別言語の構文的制約や文化的制約に応じて表現の型が言語によって多様性を見せていくようになると考えられる。英語と中国語のように第3段階でも同種の形式が依頼の配慮表現として慣習化しているのは、当面は偶然の一致として差し支えないと考える。

1.4.4　他言語における《依頼》の配慮表現の慣習化

　本書では日本語、英語、中国語以外の言語として、韓国語 (第5章)、タイ語 (第6章)、アラビア語 (第7章) という語族も言語類型も全く異なる言語の配慮表現について考察を行っている。これら3章では《依頼》における配慮表現を共通テーマの1つとして記述を行った。その結果、興味深い事象が見られた。詳細は各章に譲るとして、ごく概略をここで紹介する。

　日本語と同じく膠着語であり、構文や語順の近親性が指摘される韓国語では、授受補助動詞「아/어 주다 (てくれる)」と「可能」を表す形態素「수」を用いた「해주실 수 있겠습니까？(していただけますか)」のような可能疑問や「해주실 수 없겠습니까？(していただけませんか)」のような可能否定

疑問が多く用いられ、日本語の依頼表現と非常によく似た特徴を見せている。また、依頼に際して「미안하지만（すみませんが）」という謝罪の前置きを用いたり、低程度を表す程度副詞「좀（ちょっと）」によって FTA の緩和を図ったりする点も同じであり、興味深い（以上、第 5 章 5.3 参照）。

中国語と同じく孤立語で声調言語であるタイ語は、やはり中国語と同じく依頼表現に可能疑問文「hây nòy dâay máy」が用いられることが指摘されている。ただし、ここには授受動詞「hây」が含まれている。また、低程度を表す程度副詞「nòy（ちょっと）」も用いられるとしている（以上、第 6 章 6.3 参照）。

これまでに言及したどの言語とも性格を異にするアラビア語では、依頼表現に許可要求の表現 "mumkn" が使用されて慣習化していることが報告されている。これは相手の意向を尊重することで FTA の緩和を図ろうとする表現であると考えられるが、日本語で近年の慣習化が著しい〜テモラッテイイカに相当する表現である点が興味深い（以上、第 7 章 7.2.2 参照）。

以上見てきたように、《依頼》に用いられる配慮表現は個別言語の構造や文化的特徴に依拠したそれぞれの慣習化を見せている。

1.5　配慮表現の言語間対照における 5 つのタイプ

可能疑問形式が依頼の配慮表現として慣習化する現象は、英語と中国語とのあいだで共通して見られた通言語的現象であったことを前節で述べた。これは借用や言語接触などによって必然的に生じたものではなく、それぞれの言語においてたまたま同種の原理に基づく慣習化が発生したと考えるのが自然である。

その結果、配慮表現の言語間の対応関係には多様性があり、それら対応関係のタイプを正確に記述していくことが重要である。本書執筆陣が構想し、取り組んでいる『多言語配慮表現データベース』ではこのことを踏まえて多様な言語間対応を正確に記述していくことを構想している。

ここでは日本語、中国語、英語の 3 言語について、普遍性と個別性の多様な様相について例示する。この他に韓国語、タイ語、アラビア語等について

も同様の作業を試みる。以下、下線部はすべて配慮表現である。

(Type A) 言語間でほぼ完全に対応していると見られる事例
《忠告》は聴者のネガティブフェイスを脅かすと同時に話者と聴者のポジティブフェイスも脅かす典型的なFTAの1つである。そこで、直接的な表現での《忠告》をなるべく避けるためにヘッジ（ぼかし言葉）が配慮表現（緩和表現）として使用される現象は多くの言語において通言語的に見られる現象である。

表1 《忠告》においてヘッジの使用が慣習化する通言語的現象

	直接的な《忠告》	配慮表現を用いた《忠告》
日本語	そこをどくべきだ。	そこどいたほうがいい<u>かも</u>。
中国語	你应该让开那里.	你让开那里<u>可能</u>比较好.
英語	You should leave there.	<u>It might be better</u> to leave there.

日本語の「かも（しれない）」の原義は可能性判断だが、《忠告》の文脈では、FTAを緩和するヘッジとして慣習化している。同様に中国語でも、副詞"可能"や"或许"に断定をぼかすヘッジが慣習化した緩和表現が見られる。英語においても、"You should～"のような直接的な《忠告》を避けて婉曲的に伝える表現がヘッジとして慣習化している。

その他の言語でも、例えばアラビア語では、断定をぼかすヘッジ機能が慣習化した表現として、"ehtema:l"（かもしれない）, "aʕtaked"（～と思う）, "methaya:ly"（～気がする）などが使用されている。

(25)　<u>methaya:ly</u> aħsan tebʕed mn hnak

以上見てきたように、《忠告》のようなFTAにおけるヘッジの使用はどの言語でも普遍的に頻出するため、ポライトネス機能の慣習化を起こしやすく、通言語的な配慮表現が観察できる。《非難》や《反論》などの他のFTA

においても同様のヘッジの使用が多く慣習化している。

（Type B）言語間でほぼ対応しているが形式選択に制約がある事例
　前節で考察した《依頼》における可能疑問の慣習化がこれに該当する。《依頼》が相手のフェイスを侵害する行為（FTA）であることを考慮して、命令文を用いた直接的な《依頼》を避け、可能疑問を用いた間接的な依頼表現の慣習的使用が日中英の三言語に見られることが確認された。ただし、日本語では授受補助動詞〜テモラウの使用が必須であること、英語の"Are you able to …?"や中国語の「会〜吗？」のような他種の可能表現が依頼表現として慣習化していないことなど、形式選択に制約がある。

表2　《依頼》において可能疑問文の使用が慣習化する通言語的現象

	直接的な《依頼》	配慮表現を用いた《依頼》
日本語	お塩を取ってください。	お塩を取ってもらえますか。
中国語	请把盐递给我.	能不能把盐递给我？
英語	Please pass me the salt.	Can you pass me the salt?

（Type C）言語間でほぼ対応しているが語彙選択に制約がある事例
　《贈与》において贈る品物を謙遜して与益の恩着せがましさを打ち消そうとする配慮表現（謙遜表現）を使用することは通言語的に見られる現象である。〔表3〕に見られるように品物の価値を低く抑えて言う「一点儿心意」（中国語）、"a little token of my gratitude"（英語）のような表現は普遍的に存在し、日本語でもこれに相当する「ほんの気持ち」、「ささやかですが」といった表現がある。これらを見る限りでは（Type A）と判断してもおかしくはない。
　しかし、日本語の「つまらないものですが」は品物の価値を低く抑えることを通り越して悪質なものとして自己批判しており、ここまで極端なものは他言語には見当たらずやや特殊である。このような場合、直訳をすると不適切な表現となる。機能としての普遍性と表現形式の個別性との両方を理解する必要がある。

表3 《贈与》において謙遜表現が慣習化する通言語的現象

	配慮表現を用いた《贈与》
日本語	つまらないものですが、お受け取りください。
中国語	这是我<u>一点儿心意</u>，请收下。
英語	This is <u>a little token</u> of my gratitude to you. I hope you like it.

（Type D）言語間でほぼ対応しているが使用文脈に制約がある事例

《賛同》における確実性を原義とする副詞の使用がこれに当たる。日本語の副詞「たしかに」は確実性を原義とするが、今日では賛同表現としての応答詞的用法が慣習化して多用されている。その場合、不確実な推測への《賛同》にも使える点で、確実性の原義が捨象されていると言える。

一方、中国語の"的确"や英語"exactly"も同様に《賛同》の応答詞的用法があるが、不確実な推測への《賛同》には使えない点で日本語の「たしかに」と違って確実性の原義が捨象されていない。このように事例は普遍的現象ではあるが使用文脈に差があることを認識する必要がある。これについては本書第10章にて考察を行っている。

表4 《賛同》において確実性の副詞が慣習化する通言語的現象

	確信のある主張に対する《賛同》	確信のない推測に対する《賛同》
日本語	"彼は日本一のアーティストだ"、"たしかに"	"あいつが犯人じゃないかな"、"たしかに"
中国語	"我认为他是中国最好的艺术家"、"的确"	"他可能是罪魁祸首"、"*的确"
英語	"I think he is a top artist in USA"、"<u>Exactly</u>"	"I guess that guy may be a culprit"、"*Exactly"

（Type E）対応する配慮表現が見いだせない事例

日本語配慮表現のうち、他言語への対応が見出しにくいものも少なくない。具体例として、「滅相もない、不徳の致すところ、手前味噌ですが」な

ど、独自色の強い成句の表現が指摘されている。これらはいずれも他言語において慣習化した配慮表現が見当たらないため、対訳は説明的なものにならざるを得ない。例えば、「滅相もない」の英語対訳は "I think you have a misunderstanding I have never thought/done/had such bad intentions as you thought." となるが、これは対訳というより使用文脈と意義の説明であることに留意しなければならない。

英語においても、命令文を和らげる文頭の "kindly" や相手の名を尋ねる際の "I forgot to ask your name." のような表現は英語の独自色が強い。これらもその表現の発想を他言語で説明することは可能である。

『多言語配慮表現データベース』では各言語の配慮表現に関するデータベースを作成して一カ所に集積し、言語間で対応する項目どうしをリンクさせる構造を計画している。具体例として日本語の副詞「たしかに」と英語の副詞 "exactly" のデータベースの一部を以下に示す。

```
多言語配慮表現データベース（入力例）

1<配慮表現>確かに
2<配慮表現よみ>たしかに
3<形式分類>副詞
4<機能分類>賛同表現
5<原義>明白で間違いのないさま。確実であるさま
6<配慮機能>あなたの意見と同じ意見です
7<文脈・発話機能>相手の《主張》を肯定的に受け入れる《賛同》に用いる。推測など断定の弱い《主張》に対する賛同にも用いる。
（中略）
11<日本語自項目>たしかに(tashikani)
12<中国語対訳>的確(díquè)
12-2<日中対応>Type D
13<英語対訳>Exactly
13-2<日英対応>Type D
```

```
Multi-language Considerate Expressions Database (sample)

1<Considerate Expressions>Exactly
2<Variation>Φ
3<Formal Classification>Adverb
4<Functional Classification>Agreement
5<Original Sense>with complete correctness
6<Politeness Function>I agree with you.
7<Context, Speech Function>It is used to support the other party's assertive assertion and accept it positively. It cannot be used to agree with a weak guess.
(ellipsis)
11<Japanese Counterpart>たしかに(tashikani)
11-2<E-J Correspondence>Type D
12<Chinese Counterpart>的確(díquè)
12-2<E-C Correspondence>Type A
13<English Self-Item>Exactly
```

図1　多言語配慮データベースの入力例（日：たしかに、英：exactly.）

「たしかに」と "exactly" は別の項目として記録されるが、自項目（Self-Item）と対訳（Counterpart）をリンクさせることによって、言語間の対応情報が自動参照されるようにする。このように配慮表現の言語間の対応関係のタイプ

を記述することによって、当該言語間の第二言語学習に際して、学習者の母語における配慮表現の発想と目標言語の配慮表現との関連を理解し、相違点を意識的に知ることができる。この多言語データベースの情報群から日本語学習に資する情報を抽出して『日本語配慮表現辞典』を編纂する予定である。

1.6　配慮表現の普遍性と井出祥子の「場」

　先行研究のなかには配慮表現が日本語固有の現象であると積極的に主張するものもあった。1.2節で既に言及したが、国語審議会が2000年に答申した「現代社会における敬意表現」では、日本語で確立している尊敬語・謙譲語・丁寧語の敬語体系以外にも「御高名は伺っております」や「僭越ではございますが」といった相手への敬意に基づく表現群が存在し、それらを敬意表現と呼ぶことを提唱している。当該委員会の主査を務めた井出祥子は井出(2001)において敬意表現がポライトネスを念頭に置いたものであることを表明しており、その内容からもここでの敬意表現は配慮表現とほぼ同義と見て差し支えない。

　しかし、ポライトネスと敬意表現(配慮表現)との関係性をどう合理的に説明するかに関しては井出の立場と本書の立場は大きく異なっている。

　B&L(1987)のポライトネス理論では、ポライトネスは対人関係や行為の負荷度に応じて調節される機能現象とされていて、この文脈依存性を適切に表現したのがポライトネスストラテジーであった。ポライトネスがストラテジックであるということは、それは本来、特定の言語表現に固定されるものではないことを意味する。

　井出はそのことを踏まえて、敬意表現のような固定的な表現群に対してはポライトネスとは異なる特別な説明が必要であると考え、それを日本文化独自の個別的現象に帰着させる説明を考案した。井出(2006)では、ポライトネスが「人」に対するストラテジック(調節的)な言語行動の説明であるのに対して、敬意表現は「人」に対してではなく、日本文化独自の「場」に対する「わきまえ」(discernment)によって行われる非ストラテジック(固定的)な言語行動であり、したがってB&Lのポライトネス理論では説明ができな

いと主張した。

　具体的には「おじゃまします」や「僭越ですが」などの敬意表現はそれぞれが使用される日本文化独自の「場」に即応した表現であって、その「場」に臨めば他の表現の選択の余地がなく、非ストラテジックであるという。そして、日本語話者は「場」をわきまえた規範意識や謙譲の美徳などの日本的な慣習に沿って敬意表現を使用すると説明した。

　しかしこの説明は、本来、普遍的言語理論として提唱されたはずのポライトネス理論の普遍性に疑義を呈するものとして、他のポライトネス研究者から厳しく批判された。特に宇佐美まゆみからの一連の批判（宇佐美（2001）等）がよく知られている。

　これらの経緯については山岡編（2019）第1章にて詳述しているが、そこでも述べた通り、井出の言う「場に対するわきまえ」とは、「文脈とそれに対応するポライトネスの表現とが一体的に慣習化する現象」と考えるのが最も適切である。つまり、当該文脈にふさわしい対人的ポライトネス表現が使用されるという点では、配慮表現（敬意表現）もポライトネスストラテジーに従っている。ただし、類似文脈の頻出によって、特定の表現が類似の文脈が発生するたびにポライトネス機能を帯びて繰り返し用いられ、文脈と表現との組み合わせが一体的に慣習化したことで、あたかもストラテジックでないように見えるのである。

　例えば、「おじゃまします」は他人の家を訪問するときなど、他者の空間に踏み込む際のポライトネス機能を帯びた表現として慣習化したものである。井出は家の玄関先への侵入を「場」と見立てているが、留守とわかっていれば「おじゃまします」とは言わない。つまり、「人」を離れた「場」というものは存在しない。「僭越ですが」は結婚式のスピーチのような特殊な場面で使用され、井出はそうした式典の状況を「場」と見立てているが、これもその式典に参列している「人」に対するポライトネスと考えるべきである。いずれも日常、非日常を問わず、文脈と表現とが一体的に慣習化したと考えた方がより合理的である。そして配慮表現の慣習化は日本文化独自に発生する現象ではなく、どの言語にも通言語的に見られる現象である。ポライトネス理論が普遍言語理論である以上、その慣習化現象である配慮表現もま

た普遍的なのである。

　ただし、いかなる表現がどのような形態で慣習化するかについては個別言語独自の様式で慣習化していく。それは日本語のみならず英語でも中国語でも他のどの言語でも同様に見られる現象と考えるべきである。

　そして、その個別言語独自の慣習化に当該言語文化の固有の事情が関係するということはあり得るだろう。例えば、日本語の「つまらないものですが」は日本における中元、歳暮などの贈答の文化があり、その対象として仲人や恩人など気を遣う相手が多いということが関係している可能性がある。個々の配慮表現の成立の背景を具体的に知るには、今後そうした社会言語学的な調査、分析も必要である。

1.7　本章のまとめ

　本章では普遍理論としてのポライトネス理論とその個別言語への現れである配慮表現との関係性について論じてきた。本書ではこのあと、日本語（第2章）、英語（第3章）、中国語（第4章）、韓国語（第5章）、タイ語（第6章）、アラビア語（第7章）と順番に各個別言語における配慮表現の現れ方についての報告を収録している。1.4では《依頼》という統一テーマから各言語の配慮表現について比較検討したが、その他に、韓国語、タイ語、アラビア語について《挨拶》、《忠告》という、それぞれポジティブとネガティブのポライトネスが慣習化しやすい言語文脈での発話機能を統一テーマとしてどのような表現が慣習化して用いられているかを報告した。

　《挨拶》ではどのような原義の語が挨拶表現として慣習化しているかを見ると、①良好・善良・喜びを表す語を原義とするグループ（印欧語の"good ～"（英）, "bon ～"（仏）, "buenos ～"（西）等、中国語の"你好"、タイ語の"sàwàtdii"、アラビア語の"forsa saʔʕida"など）、②相手の状態に関する問いかけを原義とするグループ（印欧語の"How are you?"（英）, "Comment ça va?"（仏）, "Como estas?"（西）等、日本語の「こんにちは」「こんばんは」「お元気ですか」等）、③相手の行為に関する問答を原義とするグループ（中国語の「吃饭了吗」「吃啦？」＝ご飯は食べたか？、タイ語の"kin khâaw maa rɯ̌ɯ yaŋ"＝もう食事は済んだの？、日本語の「おでかけですか」「ちょっとそこまで」、韓国語の「어디 가세요（おでかけですか）」「어디 좀 가고 있어요（ちょっとそこまで）」など、いくつかのグループに集約することができる。

《忠告》に用いられるヘッジが慣習化した配慮表現についても興味深い共通性が報告されているが紙幅の都合上、ここでは省略する。ぜひ各章を比較検討していただきたい。

いずれにせよ本章では、ポライトネスが慣習化して配慮表現が成立していくプロセスの普遍性と、その一方でどのような表現が慣習化していくかに見られる個別性の両面が見られることを確認した。本章の考察を前提として本書は第2章以降の各論の考察に進んでいくことになる。

注

1　配慮表現の定義については山岡編(2019)第2章にて詳述しているので参照されたい。「一定程度以上に」との修飾句は不明瞭であるが、慣習化の度合いそのものに勾配性があり連続的であるため、配慮表現とそうでないものとのあいだに明瞭な境界線を引くことはできない。「一定程度以上に」との不明瞭な表現はこの実態としての不明瞭さを適切に表現したものである（山岡編 2019: 49）。辞書や日本語教科書等にどこまでを登載するかの線引きについては実用的見地、教育的見地から検討する必要がある。

参考文献

生田少子（1997）「ポライトネスの理論」『言語』Vol.26 No.6: 66-71. 大修館書店

井出祥子（2001）「国際社会の中の敬意表現―その国際性と文化独自性」『日本語学』第20巻第4号 pp.4-13. 明治書院

井出祥子（2006）『わきまえの語用論』大修館書店.

宇佐美まゆみ（1995）「談話レベルから見た敬語使用―スピーチレベルシフト生起の条件と機能」『学苑』第662号 pp.27-42. 昭和女子大学近代文化研究所

宇佐美まゆみ（2001）「ポライトネス理論から見た〈敬意表現〉」『言語』Vol.30 No.12: pp.18-25. 大修館書店

塩田雄大（2023）「"何もありませんが"とは言わなくなっていくのか―2022年『日本語のゆれに関する調査』から(2)」『放送研究と調査』第73巻第1号 pp.44-62. NHK放送文化研究所

平田真美 (2001)「『カモシレナイ』の意味―モダリティと語用論の接点を探る―」『日本語教育』108 号 pp.60-68. 日本語教育学会
福島泰正 (2002)「『ぜひ』の機能と使用条件について―聞き手に何かさせることを意図した場合―」『日本語教育』113 号 pp.24-33. 日本語教育学会
牧原功 (2005)「談話における『ちょっと』の機能」『群馬大学留学生センター論集』第 5 号、pp.1-12. 群馬大学留学生センター
山岡政紀 (2008)『発話機能論』くろしお出版
山岡政紀他 (2010)『コミュニケーションと配慮表現』明治書院
山岡政紀 (2015)「慣習化されたポライトネスとしての配慮表現の定義」『日本語用論学会第 17 回大会発表論文集』10: pp.315-318. 日本語用論学会
山岡政紀 (2017)「配慮表現の慣習化をめぐる一考察―メタファーとのアナロジーをもとに―」『日本語日本文学』第 27 号 pp.27-38. 創価大学日本語日本文学会
山岡政紀編 (2019)『日本語配慮表現の原理と諸相』くろしお出版
Brown, P. and S. Levinson (1987) *Politeness: Some universals in language usage*, Cambridge: Cambridge University Press.（ブラウン・ペネロピ、レヴィンソン・スティーヴン　田中典子監訳 (2011)『ポライトネス　言語使用における、ある普遍現象』研究社）
Ide, Sachiko (1989) Formal forms and discernment: Two neglected aspects of linguistic politeness. *Multilingua* 8-2/3: pp.223-248.
Leech, G. (1983) *Principles of Pragmatics*, London: Longman.（リーチ・ジェフリー　池上嘉彦・河上誓作訳 (1987)『語用論』紀伊國屋書店）

辞書
北原保雄編 (2021)『明鏡国語辞典』第三版　大修館書店

第 2 章　日本語の配慮表現

小野正樹・山岡政紀

2.1　はじめに

　日本語の配慮表現研究が芽を出したのは 2000 年前後のことだった。それからまだ四半世紀しか経てはいないとは言え、この間の配慮表現研究は急速に展開した。現時点での日本語配慮表現研究の蓄積を集約・総括したのが山岡編 (2019) である。そこでは配慮表現の研究史、定義、分類と語彙などを示したうえで、個別の日本語配慮表現の研究論文も収めている。

　同書では日本語以外の他言語の配慮表現についてはあくまでも日本語配慮表現との対照という形で 4 言語（英語、中国語、アラビア語、ウズベク語）との対照研究論文を収録したが、本書はさらに踏み込んで各言語個別の配慮表現研究の論考を収録しており、普遍的視点からの配慮表現研究の本格的かつ実質的な出発点となる。

　本章では、諸言語のなかに位置づけられた日本語配慮表現という観点から日本語独自の配慮表現の慣習化 (conventionalization) をもたらした文脈について考察したい。

2.2　言語による慣習化の異なり

　ある発話状況（文脈）でどのような表現が好まれるかは言語文化によって異なる。また、実際の発話状況は実に多様だが、そのどの範囲を同一の文脈として範疇化するのか、それ自体も言語文化によって異なる。ゆえに慣習的

配慮表現も言語によって異なる。

　例を挙げれば、相手が目標に向かって行う努力や挑戦を応援する文脈の場合、日本語では「頑張って！」という励ましが多く用いられるが、英語では"Work hard!"ではなく、状況に応じて"You can do it!", "Good luck!", "Take it easy!"などの表現が好まれる。

　食事前という文脈では、日本語では「いただきます」のような食べる主体が自らの動作に対して述べる表現となるが、フランス語では"Bon appetit."のように聴者への「召し上がれ」の表現となる。

　次は文脈の異なりの例である。2019年3月22日、大リーガー野球選手のイチロー引退報道の例を紹介したい。(1)はニューヨークヤンキースの公式Twitter（現X）によるツイートである。

（1）"Congratulations, Ichiro!"
（2）「おつかれさま、イチロー！」

　しかし現代日本語の感覚では、引退するイチロー本人には(1)に当たる「おめでとう」よりも(2)「おつかれさま」が好んで使用されるであろう。こうした表現の異なりから、日本語の「おめでとう」と英語の"Congratulations!"とが全く同じ文脈で慣習化したものではないことがわかる。

（3）「合格おめでとうございます」
（4）「お誕生日おめでとうございます」
（5）「新年明けましておめでとうございます」

　英語で"Congratulations"が対応するのは(3)のみで、(4)は"Happy Birthday"、(5)は"Happy new year"が慣習的な表現である。誕生日や新年は"Congratulations"の文脈には含まれていないのである。日英語で異なる理由を辞書記述から考察してみたい。以下は日本語「おめでとう」の辞書記述である。

（6） 新年や、めでたいことがあった時の挨拶のことば。
（『日本国語大辞典』第二版第二巻）
（7） 慶事・祝事・新年などを祝う挨拶の言葉。「明けまして―ございます」
（『広辞苑』第七版）
（8） 喜びごと（新年）や、成功したこと、また勝利を得たことを祝う言葉。
（『新明解国語辞典』第七版）
（9） 祝いの気持ちを表す語。「新年［卒業］―」（『明鏡国語大辞典』第三版）

いずれの辞書も「新年」が「おめでとう」の文脈対象となっている。いっぽう、英語辞書の"Congratulations"についての記述はどうだろうか。

(10) an expression of praise for achievement or good wishes on a special occasion.　　"*New Oxford American Dictionary*" Second Edition
(11) an expression congratulating someone on their success, luck, etc.
"*Longman Dictionary of Contemporary English*" Fifth Edition

　辞書記述から"achievement"、"success"が"Congratulations"の第一の対象となっていることから「合格」はその文脈に含まれるが、「誕生日」や「新年」は対象として明記されてはおらず、「おめでとう」の文脈より範囲が狭いと考えられる。
　日本語では、依頼など行為要求的な発話の締めとして「よろしくお願いします」を多用する。意味としては未来志向の表現で今後相手の世話になる（＝相手からの受益が見込まれる）ことに対する汎用的で便利な慣習的表現である。自己紹介の最後も「よろしくお願いします」で締めるのが一般的である。しかし、英語で同様の文脈では感謝表現"Thank you"を用いるのが一般的である。自己紹介の最後も"Thank you"で締めることが多い。日本語の感謝表現「ありがとう」は相手から得た受益や恩恵に対する過去志向の表現であるが、英語の場合は"Thank you in advance"とも言うように、過去のみならず未来における受益に先回りして言うことができる点で日本語の「ありがとう」より文脈が広いのである。

一方で、日本語で「よろしくお願いします」を用いる文脈がすべて英語の"Thank you"の文脈に含まれるわけでもない。例えば、同じクラスになった生徒・学生どうし（同じ部署で仕事をする社員どうし）のような関係の場合は、"Thank you"よりも(12)や(13)の方が自然である。

(12) I look forward to studying (working) with you.
(13) I'm happy to be here with you.

このように言語によって慣習化の文脈が異なったり、あるいは文脈の範疇化の仕方自体が異なっていたりすることを本節では確認した。このことは配慮表現における多言語対照は単純に個別言語間の対照表が作れるような単純なものではなく、常に言語間の使用文脈の相違を射程に入れて立体的な相関図を構想しなければならないことを示唆している。そのことは第1章1.5における言語間対照のType Dとして述べているが、5種類のTypeのうちでもType Dの比重が実は極めて大きいのである。

2.3 敬語とポライトネス

2.3.1 日本語の敬語の背景にある時代の変遷

日本語には西洋の言語にも中国語にもない、細分化した形式を持つ敬語の体系がある。敬語の体系が古代を起源として現代もなお存続するのは、日本人が敬語の文化を肯定的に受け止め、時代に応じた表現方法を確立してきたからだと言えよう。近年の敬語は必要かという調査結果を紹介する。（文化庁(2013)「平成25年度「国語に関する世論調査」の結果の概要」）

表1　平成 25 年度「国語に関する世論調査」の結果の概要（文化庁 2013 より）

必要だと思う（計）		必要だと思わない（計）		分からない
98.1【96.1】		1.4【3.3】		
必要だと思う	ある程度必要だと思う	余り必要だとは思わない	必要だとは思わない	0.5【0.6】
84.5【67.8】	13.6【28.3】	1.0【2.6】	0.4【0.7】	

数字は％【】内は平成 15 年度調査

　平成 15 年度と平成 25 年度を較べても、数値に大きな異なりはない。このように日本人に敬語を維持しようとする心理が根強くあることは、同じく日本人にある皇室を維持しようとする心理と近いものが感じられる。
　日本語の敬語をブラウン＆レヴィンソン（以下、B&L）のポライトネス理論の観点から見ると、上下関係における上位者に対して不可侵領域を守り、距離を置こうとする距離を取ろうとするネガティブポライトネスが言語表現として慣習化したものというのが一般的な理解である。そして、時代と共に敬語の形式も機能も変化し、多様化し、今日に至っている。
　ここで、敬語の起源と変遷についてまず事典の記述から確認したい。

(14)　敬語は本来神や天皇など畏敬すべき対象についての「ほめことば」ないし、それについての直叙を恐れた「避け言葉」に発したものである。上代になると絶対敬語としての自称敬語があり、神や天皇が自らに敬語を用いている（記紀の歌謡、万葉集）。平安時代の貴族社会では身分階級に応ずる敬語の段階制を発達させ、二重敬語、謙譲語の発達、対話敬語「侍り」の発生がある。鎌倉時代になると、男性中心の敬語が発達し、室町時代には身分差よりも優劣意識に重点を置いた使用、そして対者敬語「候ふ」が注目される。江戸時代後半に「お＿なる」形式「お＿いたす」丁寧語「です」の現代的用法が生まれた。
　　　　　　　　　　　　　　　　　　　　　　（松村明編 1971）

(14)に示されているように、社会制度の変化と共に敬語表現も変化してきた。日本社会の変化は以下のように神や天皇への敬意と不可侵を原点とし、階級社会における上位者への意識へと変化し、武家社会の君主制度を経て今日の近代市民社会へと至っている。

古代　神（神と人間の対立）
上代　律令制度（皇室を中心とする貴族階級）
中古　貴族社会（貴族の中での優劣社会）
中世　武家社会（武家を中心とした政治的社会）
近世　封建社会（君主に対する臣従が義務づけられ、一般に世襲される社会）
近代　資本主義・民主主義社会（国民主権と市場原理主義が共存する社会）
現代　市民社会　多文化共生社会（「封建的社会体制から解放され自由と平等を獲得した自立的個人である市民によって成り立つ社会」と「国籍や民族などの異なる人々が、互いの文化的違いを認め合い、対等な関係を築こうとしながら、地域社会の構成員として共に生きていくこと」）

日本語の敬語の原点が宗教的な神や天皇への不可侵にあるのは重要な事実である。ポライトネス理論が宗教儀礼の研究を基礎にしていることを想起させるからである。

2.3.2　ポライトネス理論の基礎にある宗教的聖性と人間的配慮

ここで少し横道に逸れるがデュルケームとゴフマンの理論を振り返っておきたい。

B&Lのポライトネスの理論体系の鍵概念となっているフェイス（face）は、デュルケームの宗教儀礼の研究とそれを応用したゴフマンのフェイス理論を援用している。デュルケームはオーストラリアの先住民（アボリジニ）の宗教観を調査し、人が聖なる対象に対して二通りの態度を取ることを記述した。その1つは聖なる対象に近づかずに距離を置こうとする①消極的儀礼（rite négatif）であり、もう1つは聖なる対象に近づいて親愛の情を示す②積

極的儀礼（rite positif）であるとした（Durkheim 1912）。

　これを対人コミュニケーションの相互交流に応用したのがゴフマンのフェイスの理論だった。ゴフマンは、人が他者と出会うたびに自己自身の社会的価値を示し、保持しようとするとし、その価値のことをフェイス（face）と呼んだ。人のフェイスは聖なるもの（sacred thing）であり、他者と距離を取ってそのフェイスを侵さない態度を①回避儀礼（avoidance ritual）、他者に関心を持ってそのフェイスに積極的に関わろうとする態度を②提示儀礼（presentational ritual）とした（Goffman 1967）。人のフェイスの聖性は神の聖性とは違って誇り（pride）、名誉（honor）、尊厳（dignity）といった人間的な要素として表れる。そして、自己のフェイスの自覚を自尊心（self-respect）と言い、他者のフェイスへの思いやりを配慮（considerateness）と言う。ゴフマンはポライトネスに相当する語句として配慮という言葉を用いていたのだ（Goffman 1967: 10）。

　ゴフマンがデュルケームの理論を援用したことはゴフマン自身が述べているが、両者の質的な異なりには注目しておく必要がある。宗教的な聖なる対象と人との関係は対立的で非対称的で①消極的儀礼が基本であり、自分自身の俗を消し去って聖なる領域に入った者のみが②積極的儀礼を許された。これに対して人どうしの対人コミュニケーションは対等で対称的である。自己と他者は鏡像関係で、自己も他者も同じフェイスを持つと想定される一種の相互主観性がそこにはある。ゆえに自己と他者との関係は人と神とのような絶対的関係ではなく、自己から見た他者も、その他者側から見ればその人が自己でこちらが他者となるような相対的関係である。だから自分のフェイスを相手に置き換える配慮という行為がそこで発生する。

　ポライトネス理論もゴフマンと同様に相互的な対人コミュニケーションを対象とするが、B&Lはゴフマンが儀礼（外的態度）として記述したフェイスを言語コミュニケーション上の他者との間に生じる内的欲求として概念化した。即ちゴフマンの①回避儀礼は、他者に自己の領域を侵されたくない欲求である①ネガティブフェイス（negative face）として、同じく②提示儀礼は、他者に受け入れられたい欲求である②ポジティブフェイス（positive face）として読み替えたのである（B&L 1987）。敬語のうち人どうしのコミュニケー

ションの相手である聴者を対象とする対者敬語は B&L のポライトネス理論において初めて射程に入ってくるのである。

2.3.3　時代と敬語―古代から近代、そして現代へ

　日本語の敬語に話を戻したい。日本古代における神や天皇への不可侵は宗教儀礼を論じたデュルケームの理論に当てはめて言えば、専ら①消極的儀礼であり、そこで敬語の原点である絶対敬語が誕生している。神と人間との関係は対等ではなく、常に眼前の聴者ではない第三者の位置にいるため、必然的に絶対敬語は典型的な素材敬語となる。

　日本語においても、神への意識が上代以降の貴族階級に投影されたときに絶対敬語は直接的な対人関係における上下関係に応じた表現へと変質した。対象となる上位者が眼前にいないときでも敬語を使用する素材敬語が維持され、誠実さが守られたのはやはりそこに聖性が投影されていたからだと考えられる。神は眼前にいようといまいと不可侵である。人間の上位者にも同じ聖性を投影したがゆえに、上位者がどこにいても誠実に敬意を表現することが文化として確立されたのである。したがって、この段階での上下関係は人間同士でありながら人と神との関係を写像したような固定的で非対称的な関係だった。人は自分が示す敬意によってその人を高めるのではなく、その人が元から高い位置にいることを侵さないように気を遣うばかりであった。その意味では古代以降の上位者に対する敬語は素材敬語であれ、対者敬語であれ専らネガティブフェイスに配慮したネガティブポライトネスの表現であったと位置づけることができる。そして、近代市民社会に至るまでの長い期間、日本語の敬語は一貫してネガティブポライトネスとして確立し、機能してきたと言える。

　古代から近代までの日本語の敬語使用は上下関係を基本とするネガティブポライトネスとして発達してきた。つまり、縦社会でのスムーズなコミュニケーションのための表現方法であった。一方、近代市民社会は西洋的な個人主義が確立した平等社会である。このような時代に至ってもなお敬語は使用されつづけるが、社会構造の変化はそこで求められるポライトネス機能の変化をもたらし、結果として敬語の体系も変化させてきた。

近代以降の社会は「人間の縦社会を反映するパラダイム」から「人間の横の人間関係を示すパラダイム」へと変化した。すなわち、親疎関係を上下関係に投影した敬語使用が多用されるようになり、そのなかから敬語使用のポジティブポライトネスとしての働きも生まれてきたのである。縦社会の喪失として、以下のポイントがある。

方向性1　言語使用者数：対人関係の「距離（Distance）」の見直し
課題　人口減の中での敬語
方向性2　言語使用者意識：社会に横行する「力（Power）」の見直し
課題　「親しさを調整する敬語」
　　　　　　　　　　　　　　　　　　　　　　　　　　　（中村 2021）

　方向性1の「対人関係の「距離（Distance）」の見直し」とは、日本語にはウチ・ソトの関係は維持されているものの、ウチの中での敬語表現には変化が見られる。かつての家父長制においては、家父長である夫に対して妻は敬語を使用し、父に対して子は敬語を使用していたが、戦後以降、家父長制の廃止によりその傾向は減少したものの、アニメのサザエさんでは今も妻（舟）が夫（波平）に敬語を使用するなど、大家族の主人を尊重する文化の残存が見られたが、今日では人口減少と核家族化が進んだことにより、家族内での敬語使用はほとんど見られなくなっている。
　方向性2の「社会に横行する「力（Power）」の見直し」とは、SDGsに象徴される誰も取り残さないという考えである。性差、年代差、上下関係がハラスメントに結びつかないことが重要である。例えば、会社内では部下が上司に敬語を使用するのは当然だが、近年は上司も部下に対して敬語を使用するのが一般的である。部下の側だけが敬語を使用する不均衡状態が許容されるのは両者が親しくなってからで、単に年齢や地位だけを理由に上位者が敬語を使用しないのはハラスメントとして忌避する傾向にある。
　さらにネガティブポライトネスからポジティブポライトネスへの移行は素材敬語から対者敬語へのシフトとして現れている（椎名編 2021、滝浦・椎名編 2023など）。
　(15)〜(17)の「いらっしゃる」は動詞「来る」の尊敬語である。尊敬語

は動作の主体を高めることで敬意を表す素材敬語であるが会話において動作の主体が聴者である場合は事実上の対者敬語となる。(15)は第三者である主語「先生」を高める典型的な素材敬語だが、(17)、(18)のように聴者を主語とする場合は対者敬語である。

(15) （学生どうしの会話で）先生がいらっしゃったよ。
(16) （学生どうしの会話で）先生が来たよ。
(17) （学生が教授に対して）先生がいらっしゃって嬉しいです。
(18) （教授が学生に対して）君も今度遊びにいらっしゃいよ。

　(15)は聴者ではない上位者を対象とする素材敬語としての尊敬語であり、日本古代からの敬語の伝統を引き継ぐ表現である。それはかつてそこに聖性が投影されていたがゆえに対象者が眼前にいようといまいと不可侵が意識された時代の名残である。いっぽうで、現代は素材敬語への意識が次第に希薄化し、対者敬語としての機能に比重が移りつつある。その表れとして学生どうしでは(16)のような上位者の第三者を主語とする場合の尊敬語の不使用が現代では珍しくなくなっている。それでいてその若者たちも上位者の前では(17)のようにちゃんと敬語が使えることが多い。つまり、現代の若者においても対者敬語としての尊敬語がもつネガティブポライトネスの機能は有効に働いているのである。さらに、対者敬語としての尊敬語には(18)のように拡張した用法がある。(18)は話者から見て下位の聴者に対して上品な言葉遣いで親しみを表現したものと考えられる。つまり、この表現にはポジティブポライトネスの機能が読み取れるのである。この点も現代的な敬語の機能拡張である。この種の対者敬語としての尊敬語は丁重語に含めてよいのではないかと考える。
　同様のことは謙譲語にも言える。(19)、(21)の「伺う」は「行く」の謙譲語である。(22)〜(24)の「まいる」は今日では謙譲語と区別して「丁重語」と呼ばれる[1]。

(19) （社員どうしで）取引先には僕が伺ったよ。〔謙譲語〕

(20) （社員どうしで）取引先には僕が行ったよ。
(21) （部下が部長に）部長のところにすぐに伺います。〔謙譲語〕
(22) （部下が部長に）部長のところにすぐにまいります。〔丁重語〕
(23) （部長が部下に）君のところにあとでまいります。〔丁重語〕
(24) （駅員のアナウンスで）1番線に列車がまいります。〔丁重語〕

　(19)は謙譲語「伺う」を用いて主語である話者を遜り、「伺う」行為の対象の取引先を高めている。この場合の取引先は第三者であるから「伺う」は素材敬語である。しかし現代におけるこのような文脈では(20)のような敬語の不使用も必ずしも問題にはならない。(21)は行為の対象が聴者の場合に謙譲語「伺う」を使用した例である。こちらは現代でも敬語使用が規範とされる。(21)の「伺う」は素材敬語として機能しているが、この文脈では(22)のように対者敬語である「まいる」を用いることもできる。(23)は行為の対象が上位者ではない場合だが、この場合でも丁重語「まいる」を用いることは可能で、腰を低くして対等な関係を提示するポジティブポライトネスとして解釈することが可能である。
　(24)は動作主体が話者以外の例である。この場合、動作主体の電車を遜っているわけではなく、話者（駅員）が聴者（乗客）に対して改まった述べ方で丁重に伝えるために丁重語「まいる」を用いている。
　駅員にとって乗客に対しては安全管理のために「白線の内側にお下がりください」のような《命令》を行う権限を有しているが、同時にサービス業でもあるので高圧的にならないよう丁寧語や丁重語を用いている。したがってこの丁重語の機能は(23)と同様、ポジティブポライトネスと解釈できる。
　敬語の一覧表にポライトネス機能を加筆すると以下のようになる。

表2　敬語の体系とポライトネス

三分類	五分類	対者・素材※1 ポライトネス※2		敬語の機能（語彙例）
尊敬語	尊敬語	素材敬語 NP	対者敬語 NP・PP	動作の主体を高めることで敬意を表す表現（いらっしゃる・おっしゃる・ご覧になる）
謙譲語	謙譲語Ⅰ	謙譲語			動作の主体である話者を低めることで動作の相手への敬意を表す表現（伺う・申し上げる・拝見する
	謙譲語Ⅱ	丁重語	対者敬語 NP・PP	聴者への敬意を表す語（参る・致す・申す）
丁寧語	丁寧語			聴者への敬意を表す語（です・ます・ございます）
	美化語			上品とされる言い回し・言葉遣い（お—）

※1 尊敬語の動作主体が聴者の場合、及び謙譲語の動作の相手が聴者の場合を対者敬語とする。
※2 NP はネガティブポライトネス、PP はポジティブポライトネスを表す。

　このように日本語の敬語はポライトネス理論が志向したように、素材敬語から対者敬語としての聴者を意識した表現に移行している。英語の影響などグローバル表現の影響を受ける新たな慣習化現象が見られる。例として、2013年のDJポリスのアプローチを紹介したい。

(25)　警備にあたっている怖い顔をしたお巡りさんも、皆さんと気持ちは同じです。皆さんのチームメートです。(中略)声援もうれしいですが、皆さんが歩道に上がってくれる方がうれしいです。
　　　　　　　　　　　　　　　（朝日新聞「天声人語」2013年6月7日）

　「皆さんのチームメートです」は、B&L(1987)におけるポジティブポライトネスストラテジー4「仲間うちであることを示す標識を用いよ」を実行したものである。このストラテジーは、マウントを取ることが敬遠される現代の日本語社会の慣例に従い、敢えて警官の権限を誇示することを避けた表現である。警官は職責上、若者たちを歩道に上がらせる目的を有するが、一

旦、自身の権限を弱めて見せている。そして、「歩道に上がりなさい」というあからさまな命令表現を用いずに、「皆さんが歩道に上がってくれる方がうれしい」という慣習化した間接的依頼表現を用いている。この表現では自身の権限を弱めることになるが、聴者である若者たちから反発ではなく共感を引き出すことで結果として《命令》の目的を達成しようとしているのである。

2.3.4　国語審議会に見る敬語から敬意表現への拡張

　日本語表現については国語審議会で今までに多種議論されてきた。それぞれの審議会答申にはこの間の日本語の敬語をめぐる状況の変容を読み取ることができる。各答申から象徴的な文言を引用したい。

　昭和20年（1945年）の第二次世界大戦が終戦し、翌年には新しい日本国憲法が公布され、基本的人権の尊重という理念が憲法に謳われることとなった。これを受けて文部省の諮問機関である国語審議会もまた、従前の上下関係を基本とする過剰な敬語の使用を避け、新しい時代の平等観に基づいて敬語も簡素化するように提言している（以下、下線は本章の筆者による）。

(26)　これまでの敬語は，旧時代に発達したままで，必要以上に煩雑な点があった。これからの敬語は，その行きすぎをいましめ，誤用を正し，できるだけ平明・簡素にありたいものである。（中略）これまでの敬語は，主として上下関係に立って発達してきたが，これからの敬語は，各人の基本的人格を尊重する相互尊敬の上に立たなければならない。　　　　　　　　（1952年 国語審議会建議「これからの敬語」より）

　ほぼ同時期には基本的人権の尊重に基づく男女平等を言葉の上でも推進べきとして男性が女性に対して言語的に優位であった旧習を改めるべきであると提言している。

(27)　男性と女性とでは，おのずからことばづかいに違いがあるが，それは男性のことばが，粗暴であってよいという理由にはならない。特に女

性に対してのことばづかいにおいて，一般に男性の反省を求めるべき点がある。

(1954 年 国語審議会・標準語部会報告「標準語のために」より)

さらに 1990 年代に入ると、従前の伝統的な書記資料における敬語体系を敬語の規範としていた敬語観から一歩進み、話し言葉における「人間関係を円滑にするための敬語」という側面を対等な位置に押し上げようとする動きが胎動する。これは文言としては明言を避けてはいるが、このとき既に 1980 年代の英米に発祥するポライトネス理論の影響が表れ始めているのである。

(28) 敬語は，国語の中で非常に大切な働きをしているものであり，人間関係を円滑に進めていく上でもなくてはならないものである。今日の現実に即した敬語の在り方について，話し言葉・書き言葉の両面から検討する必要があるのではないか。(1993 年 第 19 期国語審議会報告「現代の国語をめぐる諸問題について」より)

2000 年に答申を出した第 22 期国語審議会は検討対象を敬語から「敬意表現」へと拡張した。これは第 19 期で既に見られたポライトネス志向をより鮮明にするもので、特に本委員会の途中から主査となった井出祥子はポライトネスに基づく答申の取りまとめを敢行した。(29)はそのなかから「敬意表現」の定義を明示した部分を抜粋したものである。用語としてポライトネスの明言は避けてはいるが、内容的にはポライトネスを意識したものであることは明らかだった。

(29) 国語審議会は，現代社会の言葉遣いの在り方を考える上で重要な概念として「敬意表現」を提唱する。敬意表現とは，コミュニケーションにおいて，相互尊重の精神に基づき，相手や場面に配慮して使い分けている言葉遣いを意味する。それらは相手の人格や立場を尊重し，様々な表現から適切なものを自己表現として選択するものである。

(2000 年 第 22 期国語審議会答申「現代社会における敬意表現」、下線は本章筆者)

　井出は「敬語から敬意表現へのシフト」として 6 項目を挙げている (井出 2001)。要約すると以下のようになる。

① 動詞・名詞の形式選択の正しさから相手や場面に配慮した言葉遣いの適切さへのシフト
② 身分・地位など固定的な上下関係から状況依存的な役割へのシフト
③ 定型的な敬語から非定型的な文レベル・句レベルへのシフト
④ 相手に失礼にならない表現から積極的に相手を喜ばせる表現へのシフト
⑤ 規範的な標準語限定から方言や若者言葉などの非標準語を含む拡大
⑥ 相手に対する配慮のみならず自身の品位や嗜みの表現をも含む拡大

　B&L のポライトネス理論はポライトネスの文脈依存性をストラテジーという形で表現している点が最大の特徴だが、上記のシフト①〜③もこのポライトネスの文脈依存性を反映したものである。また、④はネガティブポライトネスからポジティブポライトネスへのシフトであり、⑤は B&L のポジティブポライトネスストラテジー 4「仲間内であることを示す標識を用いよ」に相当するポライトネスが非規範的なものにも及ぶことを考慮したものである。⑥はポライトネスには他者のみならず自身のフェイスを守る言語行動が含まれることに対応している。
　神への絶対敬語から始まった日本語の敬語は徐々に相対的なものへと変化してきた。その結果、ポライトネス理論という対人コミュニケーションの普遍理論によって説明が可能な普遍的な言語状況に接近してきたというのが適切だろう。
　上記のシフト②で井出は、映画「釣りバカ日誌」の社長と社員が趣味の釣りでは関係性が逆転する例を挙げている。そもそも現代の会社内の上司と部下の関係は基本的には平等であり、仕事上の指示を出す側、受ける側という

機能的上下関係が一応成立している。それゆえ趣味の世界へ移れば教える側と教わる側の機能的上下関係が逆転することはあり得る。(24)の駅員と乗客の関係、さらには(25)の警官と若者たちの関係も、決して固定的上下関係ではなく相互の目的を共存させられる機能的関係性を互いに適切に模索した言語行動を取っているとも言える。

　シフト③では従前の定型的な敬語が上下関係に基づいて使用されるのに対して、「御高名は伺っております」や「僭越ではございますが」のような尊敬、謙譲の機能を帯びた敬意表現は、対人関係というより場面や状況に応じて柔軟に使用される。この点は今日の配慮表現研究に適切に継承されている。後ほど 2.4 節にて、配慮表現 7 分類のうちの賞賛表現と謙遜表現について概略を見ることにしたい。

2.3.5　敬意表現から配慮表現へ

　前節では国語審議会の議事を追いながら、日本語の敬語がポライトネスの普遍性の方向へ変化してきたこと、その結果、敬語を含みつつもより広範な対人言語行動である敬意表現を視野に入れるところまで検討対象を拡張させてきたことを考察した。それでは、敬意表現から配慮表現へはいつどのような形で拡張したのか、両者の関係はいかなるものだろうか。

　公開されている第 22 期国語審議会第 1 委員会議事要旨には「配慮表現」の語がたびたび登場する。そのいくつかを抜粋する（下線は本章の筆者）。

(30)　前期の議論では、「待遇」という言葉は接客業的なイメージで良くないということだった。「配慮表現」ではどうかという意見もあった。
（第 22 期国語審議会第 1 委員会第 2 回議事要旨より、1999 年 4 月 20 日）

(31)　乱暴な言い方は「敬意表現」という呼称に合わない。（中略）呼称としては「配慮表現」が一番ぴったりすると思うが、21 期で「敬意表現」という言い方を決めたのに、今期それを引っ込めて別の言い方に変えてよいかという問題がある。

(32)　扱う範囲としていわゆる「ポライトネス」を想定すれば、「配慮表現」が妥当だろう。ただ、「これからの敬語」に替わるものと位置付ける

と「敬意表現」かという気もする。
(33) 「敬意表現」はどうしても「敬意」とかかわるので、呼称として不適当だ。「配慮表現」か「尊重表現」がベターだと思う。
(以上、第 22 期国語審議会第 1 委員会第 3 回議事要旨、
1999 年 6 月 21 日)

　(31)の「乱暴な言い方」とは、本委員会の対象拡張により「悪いけど手伝って」のように全く敬語を使用しないネガティブポライトネスの表現をも含むことになり、必ずしも「敬意」とは関わらないのではないかという指摘である。しかし結局、「敬意表現」は前期に決めた会議名称であるから途中で変えるわけにいかないという便宜的理由でこの呼称が維持されている。
　山岡編(2019: 21-24)でも敬意表現と配慮表現との間に明確な区別を置いていない。本書における配慮表現の定義(山岡 2015 ⇒ 本書第 1 章 1.1)と国語審議会答申における敬意表現の定義(29)は完全に一致してはいないが、配慮表現の名で定義を行っているいくつかの研究の間でも定義は少しずつ違っており、その程度の範囲内の相違である(山岡編 2019: 35-39)。
　ただし、宇佐美まゆみの「敬意表現」と「配慮表現」に対する評価の異なりは注目に値する。井出は敬意表現の一連の研究(井出 2001 など)において日本語では対人的なわきまえとは別に日本語独特の場面に対するわきまえが働くと説明した。宇佐美はこれを B&L のポライトネス理論の普遍性を理解しない発想だと批判し、論争となった経緯がある(宇佐美 2001 など)。しかし、宇佐美は山岡(2015)において配慮表現の定義に慣習化の概念が示されたことに対しては理解を示し、ポライトネス理論を個別言語の研究へと展開する道筋の 1 つとしてこれを認める考えを示した(宇佐美 2024a)。
　国語審議会や井出祥子による「敬意表現」とは別に、「配慮表現」の呼称を用いた諸論考が 2000 年前後から登場している。「配慮表現」という用語の初出はポライトネス理論を紹介した生田(1997)だった。その後、多くの論文と共に彭飛(2004)や野田他編(2014)などの配慮表現研究書も刊行され、今日に至っている。これらの配慮表現研究史は、山岡編(2019)第 1 章に詳しいのでそちらを参照されたい。

2.4 「配慮表現」とは

2.4.1 「配慮」に対する関心の高まり

「配慮」(considerateness, consideration) は対人コミュニケーションにおける普遍的な行動原理であり、ポライトネス研究だけでなく、談話研究、敬語研究、相互行為研究などの語用論研究において幅広く現れる用語であり、配慮表現の必要性が20世紀後半から格段に増加していることがわかる。以下に、論文検索サイト CiNii、Google Scholarship における日本語と英語の論文中の「配慮」の頻度数を示す。

表3 論文検索サイト CiNii による「配慮」の頻度数 （2022/08/16 調査）

	1970-1979	1980-1989	1900-1999	2000-2010	2011-2020
研究データ	0	0	102	5	8
論文	307	949	2,538	12,485	20,935
本	9	30	108	286	332
博士論文	2	4	114	155	11
プロジェクト	5	217	800	2,311	378
本文へのリンク	203	620	1,474	6,527	15,074
合計	526	1,820	5,136	21,769	36,738
前年度比		+1,294	+3,316	+16,633	+14,969

表4 論文検索サイト Google Scholarship における各語の頻度数 （2022/08/16 調査）

	1970〜1979	1980〜1989	1990〜1999	2000〜2009	2010〜2019
「配慮」	16,600	17,900	23,600	37,700	51,300
"considerateness"	140	838	1,220	1,960	3,410
"consideration"	108,000	809,000	1,700,000	2,570,000	2,450,000
"considerated"	82	537	1,300	2,570	4,230
合計	124,822	828,275	1,726,120	2,612,230	2,508,940
前年度比		+703,453	+897,845	+886,110	-103,290

　国語審議会で指摘された敬語から敬意表現への拡張、そして敬意表現から配慮表現への展開も、上下関係を維持するための敬語よりも、対等な対人関係における「配慮」に基づく言語表現へのシフトであった。それは今日の日本語における配慮表現のコミュニケーションスキルにおける有用性へとつながっている。ここで具体的な配慮表現が従前の敬語とどのように異なる機能を有するのかについていくつかの事例を見ることにする。

　山岡編（2019）では配慮表現の下位分類として7分類（負担表現、利益表現、緩和表現、賞賛表現、謙遜表現、賛同表現、共感表現）を提案した。このうち、尊敬語と同じく相手への敬意を伝える機能を持つ「賞賛表現」と謙譲語と同じく謙譲意識を伝える機能を持つ「謙遜表現」について実例を引きながらその機能を確認することにする。

2.4.2　賞賛表現「すごい」の機能

　「すごい」は現代の代表的な賞賛表現の1つであり、感動詞的な独立語文としてもしばしば用いられる。形容詞「すごい」の語義については国語辞書に以下のように記されている。（用例は語釈ごとに抜粋）

(34)　すご・い【凄い】〔形〕①物事の程度が甚だしく尋常でないさま。「今

日は人出が―」②感嘆に値するほどすばらしい。「優勝とは、それは―な」③身震いするほど、恐ろしいさま。すさまじい。「猛獣の一声」◆本来は③の意。のち②、①と用法を広げた。

(『明鏡国語辞典』第三版)

　この辞書記述にある通り、形容詞「凄い」の原義は「凄い台風」や「凄い事故」のように語釈③の否定的な意味を表していた。「凄い」の意味変化を詳細に調査した論考は今のところないが、2つの小説から時代の傾向性を見ておきたい（下線は本章の筆者）。

(35)　とにかく凄い爆弾だったらしくって、手首のところの皮膚なんかぺろっと剥げました。（黒い雨）……語釈③
(36)　計量が終ると、すぐに朝鮮人参の液をゴクゴクって、すごい勢いで呑んだもんね。（一瞬の夏）……語釈①
(37)　あんた、すごいよ。よく頑張ったよ。（一瞬の夏）……語釈②
(38)　そう、うちの子が、女の先生にガンつけるとすごいらしいの。怖いって、先生が言うよ。（一瞬の夏）……語釈③

　1965年に発表された井伏鱒二の小説「黒い雨」には「凄い」が7件あり、(35)のほか、「物凄い火焔」、「凄い破壊」など、7件すべてが語釈③の意の用例だった。これに対して、1981年に発表された沢木耕太郎の小説「一瞬の夏」では「凄い(すごい)」が18件あり、うち①1件(36)のみ、②12件(37)など、③1件(38)のみ、という用例数だった。この作品では圧倒的に原義③とは正反対の賞賛の意の②の用例が多かった。これだけの例では時期の詳細までは特定できないが、少なくとも言えるのは否定的意味を原義とする「すごい」が近年急速に肯定的意味で使用されるようになったということである。そして、語釈②の肯定的意味の用例は(37)のようにコミュニケーションの相手を直接賞賛するものが多かった。書き言葉のコーパスであるBCCWJでも小説の台詞など会話の相手に向けた賞賛表現が多い（下線は本章の筆者）。

(39) （カルロス・ゴーンは）たとえば、幹部が会議で資料を提出すると、「こんなものじゃダメだ」と何度も突き返し、さんざん厳しい注文をつける。苦労してやり直していくと、今度は抱きつかんばかりにして褒めちぎる。「よくやった。キミは凄い。おかげで計画がずいぶん進んだ」これには、大抵の社員がコロッとまいってしまう。

（日産カルロス・ゴーンの世界制覇戦略）

(40) だって彼は、やさしい感じのハンサムだったので、外見からその筋肉を想像することができなかったのである。私は、もともと筋肉が大好きだったので、思わずほめてしまった。「すごい。サッカーボール二百キロぐらい蹴れますね」すると彼は、なぜか不満そうにした。

（愛する時愛される時）

(41) 種類に応じて材料や色を選びます。よろしければ耳にあててみてください。すみのその小さなノブをかるく押すだけで…ほら聞いてごらんなさい」「こりゃ、すごい。つめできめの荒いものをこすっているような、いやそれより高くて美しい音色だ」　　　　（恋のお守り）

　(39)、(40)は会話の聴者をほめている例で、(41)は聴者が紹介したものをほめている例である。会話の聴者をほめるのは典型的なポジティブポライトネスであり、B&L(1987)のポジティブポライトネスストラテジー2「聴者への興味、賛意、共感を誇張せよ」に沿うものである。また、Leech(1983)のポライトネスの原理で言えば、是認の原則（approbation maxim）の「他者への賞賛を最大限にせよ」に沿っている。

　このような会話の聴者を直接ほめることができる従前の形容詞としては、「美しい、かわいい、かっこいい、すてきだ、きれいだ」や「賢い、頭いい、おもしろい」など、ほめの対象となる事柄が限定されているものや、「立派だ、素晴らしい」など話者が評価者として高位に立ってしまいかねないものに限られていた。これらはほめ言葉としては限定的で汎用性には乏しかったのに対し、ほめたい事柄はより広範かつ日常的であった。それらをカバーできる汎用的なほめの形容詞は存在しなかったのであり、そこに「すごい」が利用され、それが慣習化して今日定着したものと考えられる。

敬語としての尊敬語と配慮表現としての賞賛表現とはいずれも相手への敬意を表現する点で共通しているが、両者が異質なものであることもまた一目瞭然である。では何が異なっているのか。尊敬語は会話以前に予め決定している固定的な上下関係を損なわないよう維持する目的で用いるネガティブポライトネスの表現である。一方の賞賛表現は当該会話において具体的な事柄に基づいて話者の意思で聴者への敬意を示し、聴者を喜ばせようとするポジティブポライトネスの表現である。尊敬語の敬意は与えられた敬意であるのに対して賞賛表現の敬意は話者自身が創出して与える敬意である。賞賛表現の敬意を与える相手はいわゆる上下関係とは全く無関係である。

　「すごい」と同じく否定的な意味を原義としながら、今日では肯定的な意味での使用が急速に高まっている語に形容詞「やばい」がある。「やばい」の新用法も賞賛表現の一種であり、「すごい」の慣習化から数十年単位で遅れて同じ道をたどっていると考えられる。

2.4.3　謙遜表現「自分で言うのも何ですが」の機能

　配慮表現の下位分類の 1 つに謙遜表現がある。Leech (1983) のポライトネスの原理には謙遜の原則 (modesty maxim) として「(a) 自己への賞賛を最小限にせよ」と「(b) 自己への非難を最大限にせよ」の 2 つの原則が挙げられている。例えば、父親が子供の担任教諭との面会で「出来の悪い息子がご迷惑をおかけしています」などと言うのは謙遜の原則の (b) の原則に沿った謙遜表現である。一方、(42) の「そこそこ」や「いちおう」のように、自分の能力や資格などを述べる際になるべく自慢していると思われないようにわざと断定を弱める働きの副詞を用いて抑制的に言う表現が謙遜表現として慣習化している。これは謙遜の原則の (a) の原則に沿った謙遜表現である。ここでの副詞の機能は B&L (1987) ではネガティブポライトネスストラテジー 2「質問せよ、ヘッジを用いよ」のヘッジの機能に該当する。

（42）　私、英語はそこそこできます。いちおう英検 2 級を持ってますので。

　これと同様に謙遜の原則の (b) の原則に沿って自賛を抑制的に言う文脈で

慣習化した表現として「自慢じゃないけど」、「手前味噌ですが」、「自分で言うのも何ですが」などがある。

　このうちの「自分で言うのも何ですが」について少し見ておきたい（詳細は山岡（2021）参照）。(43)は自賛を目的としており、主節で述べている。従属節には自賛を緩和する謙遜表現「自分で言うのも何ですが」が用いられている（従属節の謙遜表現に下線、主節の自賛に波下線、いずれも本章筆者による。(44)〜(46)も同じ）。

(43)　自分で言うのも何ですが、歌は得意です。
(43')　自分で言うのも恥ずかしい〔おこがましい／生意気／僭越〕ですが、歌は得意です。

　ここで用いられている配慮代名詞「何」はこの他に「立ち話も何ですから」（理由節）、「新品との交換が何でしたら」（条件節）など別種の従属節でも用いられる。配慮代名詞の被指示語は名詞句とは限らず動詞句、形容詞句も想定可能である。(43)の配慮代名詞「何」の被指示語は(43')のように対人関係上、マイナス価値を有する語句が想定されており、それを「何」を使用することによって言語化せずに文脈上の効力として伝え、自賛を抑制的に伝える効果を持つ。(44)〜(46)はいずれも BCCWJ の用例である。

(44)　昔の私を振り返ると、名古屋大学に入学して、自分で言うのも何ですが秀才の部類だったわけです。それがヨットをやるようになって一八〇度変わりました。　　　　　　　　（戸塚宏『教育再生！』）
(45)　それは脳生理学から音響学・言語学・宗教学にまで及んでおるです。自分で言うのもなんだが、なかなか独創的かつ貴重な研究をしておるですよ。（村上春樹『世界の終りとハードボイルド・ワンダーランド』）
(46)　ところが、実際に書いたものを集めて読み直してみると、自分でいうのもなんだが、これが面白いのである。内容が古くなっているかと思ったら、全然古くなっていない。　　　　　（立花隆『巨悪 vs 言論』）

敬語としての謙譲語と配慮表現としての謙遜表現とはいずれも相手への謙譲を表現する点で共通しているが、これらもまた異質なものである。謙譲語は会話以前に予め決定している固定的な上下関係を損なわないよう維持する目的で用いている。一方の謙遜表現は当該会話における自賛が相手に不快な感情をもたらす可能性を予見し、そのことの自覚を述べることで自分が謙遜意識を放棄してはいないことを伝え、自身と相手のフェイスを維持しようとするものである。謙譲語も謙遜表現もネガティブポライトネスの機能を持つが、謙譲語の謙譲意識は与えられた固定的な人間関係を維持するものであるのに対して謙遜表現の謙譲意識は話者自身が当該発話をよりスムーズに聴者に伝えるために臨時に創出して与えるものである。

2.5　まとめ

　本章では日本語配慮表現が使用される文脈の特徴についての考察 (2.2)、日本語固有の表現体系として知られる敬語とポライトネスとの関連についての考察 (2.3) を経て、敬語と対比した場合の日本語配慮表現の特徴についての考察 (2.4) を行った。

　本章に一貫する関心はポライトネス理論が普遍理論であるならば、個別言語の 1 つである日本語に対してどこまで説明力を発揮できるかという問題意識であった。B&L (1987) ではポライトネス理論の内部で個別言語による異なりをもたらす要素として明示されているのは、FTA 度計算式 (computing the weightiness of an FTA) の変数 Rx (＝特定の文化で行為 x が相手にかける負荷度) のみで、慣習化がどこに位置付けられるのかは示されていない。

　しかし、Leech (1983: 24-30) によれば、慣習化はあらゆる語用論的現象に関わるものであってポライトネスもその例外ではないというだけのことである。その意味ではポライトネス理論の内側に慣習化を位置づけるのではなく、それぞれの個別言語のなかでポライトネスをはじめとする語用論的現象がいかに人々によって共有されて慣習化していくかを社会言語学的に正確に記述していく視点を持つことが求められる。

　B&L (1987: 132-144) のネガティブポライトネスストラテジー 1「慣習に

基づき間接的であれ」では英語において慣習化した間接発話行為の事例と共にタミル語とツェルタル語の間接発話行為の対比を示している。これはポライトネスの現れ方が個別言語の慣習によって異なることを意味する。B&Lもそのことをよく理解していたのである。本章では日本語の敬語体系がポライトネスの慣習化とどう関わるのかをささやかな試論として述べた。今後は個別の配慮表現の分析を通してこの試論の裏付けを行っていきたい。

注
1　文化審議会の国語分科会が 2007 年に提出した「敬語の指針」では謙譲語を二種に区分し、素材敬語の場合を謙譲語Ⅰ、対者敬語の場合を謙譲語Ⅱとし、謙譲語Ⅱには丁重語という別称を当てている。本章では「丁重語」の呼称を用いる。

参考文献
生田少子（1997）「ポライトネスの理論」『言語』26（6）：66-71. 大修館書店
井出祥子（2001）「国際社会の中の敬意表現：その国際性と文化独自性」『日本語学』20（4）：pp.4-13. 明治書院
井出祥子（2006）『わきまえの語用論』大修館書店
宇佐美まゆみ（1995）「談話レベルから見た敬語使用―スピーチレベルシフト生起の条件と機能」『学苑』662: pp.27-42. 昭和女子大学近代文化研究所
宇佐美まゆみ（2001）「ポライトネス理論から見た〈敬意表現〉」『言語』30（12）：pp.18-25. 大修館書店
宇佐美まゆみ（2024a）「ディスコース・ポライトネス理論（DP 理論）と日本語の配慮表現研究の展開に向けて」『日本語学会 2024 年度春季大会予稿集』pp.185-188. 日本語学会
宇佐美まゆみ（2024b）『ポライトネス理論―発話行為から談話へ』大修館書店
椎名美智（2021）『「させていただく」の語用論―人はなぜ使いたくなるのか』ひつじ書房
滝浦真人（2005）『日本の敬語論―ポライトネス理論からの再検討』大修館書店
滝浦真人・椎名美智編（2023）『イン／ポライトネス―からまる善意と悪意』ひつじ書房
中村桃子（2021）『「自分らしさ」と日本語』ちくまプリマー新書、筑摩書房
野田尚史・高山善行・小林隆編（2014）『日本語の配慮表現の多様性歴史的変化と地理

的・社会的変異』くろしお出版
彭飛(2004)『日本語の「配慮表現」の研究』和泉書院
松村明編(1971)『日本文法大辞典』東京堂書店
山岡政紀(2015)「慣習化されたポライトネスとしての配慮表現の定義」『日本語用論学会第17回大会発表論文集』pp.315-318. 日本語用論学会
山岡政紀編(2019)『日本語配慮表現の原理と諸相』くろしお出版
山岡政紀(2021)「配慮代名詞『何』を用いた配慮表現―前置きの『〜のも何ですが』を中心に―」『国語学研究』第60集 pp.1-12. 東北大学大学院文学研究科
Brown, P. and S. Levinson (1987) *Politeness: Some universals in language usage,* Cambridge: Cambridge University Press.（ブラウン、レヴィンソン　田中典子監訳(2011)『ポライトネス　言語使用における、ある普遍現象』研究社）
Durkheim, É. (1912) *Les forms élémentaries de la vie religieuse: le système totémique en Australie.* Paris: Félix Alcan.（デュルケーム　古野清人訳(1975)『宗教生活の原初形態』岩波書店）
Goffman, E. (1967) *Interaction Ritual,* New York: Pantheon Books.（ゴッフマン　浅野敏夫訳(2002)『儀礼としての相互行為』法政大学出版局）
Leech, G. (1983) *Principles of Pragmatics,* London: Longman.（リーチ　池上嘉彦・河上誓作訳(1987)『語用論』紀伊國屋書店）

辞書

北原保雄(2003)『日本国語大辞典』第二版第二巻　小学館
北原保雄編(2021)『明鏡国語辞典』第三版　大修館書店
新村出編(2018)『広辞苑』第七版　岩波書店
山田忠雄他編(2011)『新明解国語辞典』第七版　三省堂
Longman (ed.) (2009) *Longman Dictionary of Contemporary English*, Fifth Edition. Harlow: Pearson Longman.
McKean, E. (2005) *New Oxford American Dictionary*, Second Edition. Oxford: Oxford University Press.

用例出典

国立国語研究所「現代日本語書き言葉均衡コーパス」(BCCWJ)
筑波大学・国立国語研究所・Lago言語研究所『NINJAL-LWP for TWC』
CiNii、Google Scholarship

第3章　英語の配慮表現

西田光一

3.1　はじめに

　配慮表現の研究が日本語（のみ）を対象とするかぎり、日本語の特徴に基づいたアプローチになって当然である。しかし、世界の他の言語の配慮表現にも応用可能な枠組みを開発するとなると、言語共通の説明方法が求められてくる。その際に Brown and Levinson (1987)（以下、B&L と略）のポライトネス理論との関係を明らかにすることが不可欠である。

　ポライトネス理論（以下、POL 理論と略）は英語に加え、メキシコのツェルタル語 (Tzeltal) を参考にしてあることが知られている。POL 理論は、「謝るところから話しかけよ」のように表現方法に言及しても言語形式には直接言及しない。言語形式は言語間の違いが大きく共通点を見出せなくても、表現方法には多くの言語間で共通点を見出せる可能性が高いからである。

　また、英語圏で開発されてきた POL 理論が英語の特徴を反映しているとすれば、POL 理論と配慮表現研究の比較は、英語と日本語の比較対照にもなる。ただし、理論的には大きく違い、POL 理論には Goffman (1967) のフェイス (face) という社会学上の概念が中心にあるのに対し、配慮表現研究には言語研究とは独立して定義できる概念が今のところなく、慣習化や良好な対人関係といった定義上のことばにも常識的な理解以上の掘り下げはない。

　これは配慮表現研究の批判ではない。POL 理論とは作られた経緯が違うので、研究対象に重なるところはあっても、理論化や説明方法では違って当然である。ただ、両者を有意義に比較する方法を考えたいわけである。

本章は以下のとおり構成される。3.2 では POL 理論と配慮表現の相違点を議論する。3.3 では配慮表現の分析に井上 (2015) のマルチトラックモデルが有用なことを具体的に示す。3.4 ではリンガフランカとしての英語の配慮表現の特徴は形式性 (formality) にあることを論じる。3.5 は、配慮表現研究の理論的含意を検討する。3.6 は結論である。

3.2　ポライトネス理論と配慮表現

B&L (1987) は、単独の刊行物としては言語研究で最も影響力がある著作と言える。その影響は語用論や社会言語学を超え、社会学、心理学、教育、接客やビジネス、医療での話し方マニュアル等に及び、2005 年から国際誌の *Journal of Politeness Research* が定期刊行されているようにポライトネスという 1 分野が出来ていることからも伺える (cf. 吉岡 2011)。

先に「単独の刊行物としては」という条件を付けた理由は、言語学で影響力のある他の研究者と比べれば明白であろう。音韻論、統語論、認知言語学といった分野にしても、指示、時制、メタファーといった個別の研究テーマにしても、各界のビッグネームとされる研究者は長期にわたり生産的に著作を発表し、10 年、20 年と続けるうちに理論的変遷を経て、同じ事例でも扱いを変えつつ議論をリードしていく。しかし、B&L は 1987 年以降、自分たちではポライトネスに関してまとまった論考を発表していない。つまり、その 1 作の影響力が極めて大きかったことになる。また、それゆえに、B&L の考え方と現代のポライトネス研究では違うことも少なからずある。

B&L との違いを示す点として、Locher and Watts (2005) は、ポライトではないが賢明 (politic) で適切な話し方と賢明かつ適切で、さらにポライトでもある話し方は違うと議論している。例えば、

(1)　Lend me your pen.
(2)　Could you lend me your pen?
(3)　Oi! Pen!
(4)　I wonder whether you would be so very kind as to lend me your pen?

といった例をあげ、(1)、(2)、(3)にはそれぞれポライトな発話として使える状況があるが、(4)は過度に丁寧で皮肉にすら聞こえるという。(3)には友人間の軽口として適切な場面があり、ポジティブポライトネスに資するわけである。このような仲の良さの扱いは配慮表現研究では難しい。

一般に仲間内の連帯(solidarity)を表す話し方は、当該の話し方と人間関係がセットになっている。このため、辞典に記載できるような表現の切り取り方に向かない。名前や呼びかけ語もその例に入る。例えば、アメリカではElizabethという名前の女性に対し、友人間ではBeth, Bettyといった愛称で呼び、Elizabethというフルネームで呼ぶのは他人行儀で配慮がない。とはいえ、フルネームを短縮した愛称がポジティブポライトネスの表現である一方で、配慮表現と言えるかというと、いかに対人関係を良好に保つうえで慣習化した表現方法であっても、そのように考えない方が無難である。

後に3.5.2で論じるとおり、配慮表現には原義が捨象され、用法が慣習化されたものという理解がある。しかし、名前に原義があるか、どの用法が名前の基本的用法で、そこから慣習化した用法が何かといった疑問に答えることは容易ではなく、たとえ答えられたとしても、他の配慮表現と同じ意味で原義の捨象と用法の慣習化が認められる保証はない。英語の文化圏で短縮的な愛称が使える対人関係は限られており、名前の短縮形で呼ぶという表現方法の慣習化に加え、家族間や友人間という対人関係の慣習化も伴うからである。配慮表現の事例収集では対人関係の慣習化は範囲外である。

配慮表現研究からPOL理論を評価することは配慮表現研究の評価にもなるので慎重になるが、一般にPOL理論は相手との連帯を示す話し方のポジティブポライトネスの扱いを得意とし、配慮表現研究は慣習化した表現形式に関心がある。後で見るように、ポジティブポライトネスを伝える表現は形式を整えないという方法を選ぶことがある。安井・安井(2022)のような標準的な英文法書にもMight I ask your name?といった「表現を和らげる」過去形の法助動詞の用法は記載されていても、ポジティブポライトネスの話し方の記載はない。英語を文法項目で分割した際に、ポジティブポライトネスを入れる項目が定められないからである。そこで、POL理論では主な関心ではないとしても、Watts (2003)、Locher and Watts (2005)の意味で(2)の

ように賢明な (politic) 表現として制度的に形式が定まった話し方が最も配慮表現に近いことが分かる。日本の英語教育の対象としても、ポジティブポライトネスの話し方より賢明な話し方に重点を置くのが現実的である。

英語の事例では、特定の対人関係に依存せずに、言語表現から伝えられる配慮の種類が分かるものとなると、(2) のような法助動詞に加え人称に関する表現が主になる。両者とも真理条件に関わらない範囲で表現を言い換える点に特徴がある。賢明な話し方とは政治家が有権者に接するときに使える発話というイメージでも良いが、立場が違う人、特に英語をリンガフランカとして使う非母語話者とも無難に接するのに適した話し方と言って良い。ここがPOL理論でのポライトネスと配慮表現の違いでもある。

3.3 マルチトラックモデル

以下、井上 (2015) を参考にしたマルチトラックモデルが賢明な話し方を把握するのに適していることを見ていく。

3.3.1 言語的メッセージを包む容器

井上 (2015: 215) は以下の図を基に、大きな矢印が表すように、ことばの意味の送受信には主トラックと副トラックの2層があるとしている。

（5）

このモデルで上向きの小さな矢印は、伝達者から受領者への言語的メッセージは副トラックの非言語的シグナルによって解釈が制約されることを示す。

井上 (2015) は、ことばを内容が入る容器と考える Reddy (1979) の導管メタファー (Conduit Metaphor) を想定していると思われる。同じ飲料水でも容器が紙コップかカットグラスかで状況と印象は大きく違う。(5) の副トラ

ックは、このように言語的メッセージの容器にあたるイメージである。

井上（2015）は副トラックに入る要素の例にプロソディーをあげている。英語の話者間でも通じないことがあると断りつつ、井上（2015: 211）は、

（6）　Exact change, PLEASE.

のように please にアクセントを置いて発話すると、「おつりのないように頼むよ！」といった感じのいらだちが伝えられると述べている。配慮表現も言語的メッセージを包み、その解釈を対人関係が良好になるように導く慣習的な方法である。つまり、配慮の要素も副トラックに入る。また、副トラックの表現は言語的メッセージの容器をなすことが聞き手に分かるように文頭などの目立つ位置、あるいは定位置に置かれることが肝要である。

3.3.2　言語的メッセージを包む容器の複層化

（5）では非言語的シグナルの副トラックは1層しか設定されていないが、井上（2015: 214）が述べるように、いくつか層が重なっていると考えられる。そこで本論ではマルチトラック化をさらに進め、下記のように副トラックを2層に分け、それぞれの役割を配慮表現に関連して議論したい。

（7）

井上（2015）のモデルと区別するため、各トラックの名前をメイントラック、サブトラック1、サブトラック2に改める。

　サブトラック1（textual）は、それ自体で言語的メッセージをなす表現が入る。これは、別の文脈ではメイントラックに入る表現であり、それ自体に配慮の意味はなく、他の表現との関係で配慮を表すものである。例えば、非人称の It is necessary to keep silent in this room. といった表現は単独では配慮的

ではないが、You are required to keep silent in this room. のように人称が明示された表現に比べ、相手に義務を押し付けない点で賢明である。また、1人称の I wonder whether it is true. より3人称の One may wonder whether it is true. の方が話し手は相手に直接向きあわず、対話的でなくなる。

　先に記した法助動詞の用法も同じで、現在時制の Do you mind if I open the window? より助動詞と時制を過去に入れ替えた Would you mind if I open(ed) the window? の方が現場から離れて、丁寧な話し方になる。

　サブトラック1を textual と呼ぶ理由は、言語的メッセージと同じ意味を担いつつ、言い方を変えるという表現の交換のレベルだからである。このため、このレベルでの配慮の表し方は文法操作が主な手段である。

　バーダマン（2018、2021）はビジネスの場面で配慮を伝える英語の表現を紹介している。言語研究とは背景は異なるが、メイントラックの表現をサブトラック1で言い換えるという本章の趣旨と重なる例を多く挙げている。

　例えば、バーダマン（2018: 108）、バーダマン（2021: 136-137）が言うように、反対するときは、I disagree with you. のように you を表に出すのではなく、I disagree with that view. のように部分に特化して表すという工夫は、先に見た人称の転換の応用である。また、相手への注意でも You shouldn't do that. ではなく、I think it would be better not to do that. のように非人称化し、相手と問題の行為を切り離すのも同じである。

　他にも、バーダマン（2021:134）は、相手と意見を違える時に I agree with you about X, but we seem to see Y a bit differently. のように逆接の but を使うのではなく、and で結びつけ、I agree with you about X, and we seem to see Y ... という方が相手を受け入れ、対立を避ける表現上の配慮としている。話し手が自分の言いたいことを相手に反して but で導くのは自分本位ということになる。2文を but でつなげても and でつなげても真理条件は同じという点がサブトラック1に収まる条件を満たすわけである。

3.3.3　サブトラック2の使い方

　Jakobson（1960）の用語を借りると、サブトラック2（social）には、プロソディーや日本語の終助詞（ヨやネ）、英語の please など、言語的メッセージ

に聞き手との接触（Contact）を追加する要素が入る。この種の要素を通じメッセージが聞き手と接触し、実際の文脈に着地する。また、Wierzbicka（2003: 38）が言うとおり、Close the door, {will you/won't you/can you/could you}? のように、命令文に追加される多様な付加疑問文では、will you は話し手の自信を表し、won't you はためらいを表すというように、少しずつ機能が違う。この種の付加疑問文もサブトラック 2 に入る。この意味では、サブトラック 2 は Gumperz（1982: 131-140）が言うコンテクスト化の合図（contextualization cues）が入る層ということになる。

サブトラック 2 に入る要素には、対話で不同意の応答に特徴的な追加の表現がある。Pomerantz（1985: 75）によれば、(8)の対話での B の応答に不同意の特徴が表れている。なお、例文の表記は原著のままである。

（8）　A: ...you've really both basically honestly gone your own ways.
　　　B: Essentially, except we've hadda good relationship et home.

(8)では A の批判的評価に対し、B は部分的に同意する意味の副詞から始め、2 人の関係には良いところもあったと述べている。このように不同意の応答は全面的に否定しない意味の付属的表現が追加される。また、Levinson（1983: 308）も、同意の応答は手短に表されるが、不同意の返答は一般的に不同意だけでは終わらせず、言いよどみ等で引き伸ばし、不同意の理由を追加するなど、表現を複雑にする特徴があると指摘している。

遠藤（2022）は日本語の会話から、不同意をはじめ相手に負担を与えることを言う前には、言いよどむなど発話が非流暢になる理由に相手への配慮があると論じている（定延（2022）も参照）。この議論は Schegloff（2007）らの英語の会話分析から得られた不同意の応答の特徴に基づいている。

同様にバーダマン（2021: 102）も、自分が断って相手が不都合なときは No や I can't だけで済ませず、I'd love to attend, but unfortunately, I have prior commitments. のように文頭は自分本意ではなく、相手に心の準備を促すことばから始め、断る理由を追加する話し方を勧めている。

不同意の応答は、相手が誰でも良好な対人関係を損なうリスクを伴うた

め、そのリスクを回避する理由が共有される。また、引き伸ばしや理由など、不同意だけにしない表現の方法と内容が慣習化されている（cf. 趙2018）。この２つの理由により、不同意の応答に伴う引き伸ばしや理由などを配慮の伝え方として、(9)のようにサブトラック２に入れることができる。

　不同意の応答を包み込む付属的表現は、サブトラック２の要素として話し手の自分本位の主張を社交上（social）の配慮の容器に入れる働きを担う。もっとも、不同意の理由には表現形式の指定はなく、機能上の分類になる点で、pleaseや付加疑問文など語類や形式が定まった配慮表現とは違う。

(9)

　他にもサブトラック２を利用した配慮の伝え方は表現の追加が特徴である。これは「I forgot to 不定詞」による間接的発話行為にも当てはまる。(10)はLanigan (2014: 111) からの引用で、後半が該当する。

(10) "I'm on my way to work right now, but I could drop by this evening. What's the address?" "Fifteen ten Maple Avenue." "I'll see you then. Sorry, I forgot to ask your name." "It's Beabots. Mrs. Beabots."

この例のとおり、「I forgot to 不定詞」は、話し手が何かするのを忘れたと言って、聞き手にその忘れたことをしてもらう間接的な依頼表現として使うことができる。この表現は依頼の意味がなく、むしろGoffman (1978) の言う窮状を自認する反応的発声（response cries）に近い。そのため、この表現を発話して依頼の行為が成立するには聞き手から話し手への配慮が必要である。

　話し手と聞き手の双方向的な配慮は、3.5で配慮表現のベースとして議論する苫野（2020）の自由の相互承認の問題につながる。

　正確なコーパス検索は他の機会に譲るが、ネット検索の数値で大まかな頻

度を示そう。「I forgot to 不定詞」はイディオムではなく、他の人称の「you forgot to 不定詞」も「he forgot to 不定詞」も普通に使える。だが、oh sorry との共起を Google で検索すると、"oh sorry I forgot to" は約 129 件、"oh sorry you forgot to" と "oh sorry he forgot to" は各 10 件と大きく 1 人称に偏り、話し手が謝る文脈と最も強く結びついている。

同様に疑問文では "did I forget to say" の約 107 件に対し、"did you forget to say" が約 48 件、"did he forget to say" が約 34 件と 1 人称に偏る。また、「Sorry, I forgot to」に続く動詞も 100 件越えのものは、ask, attach, bring, inform, send, write くらいで数が限られる。いずれも相手との接触を伴う動詞であり、特に attach は「メールの添付を忘れた」時の決まり文句である。つまり、話し手が自分の失念で相手に迷惑をかける場合の表現が最も長く連語化し、発話行為の種類も固定化している。

下記に示すように、「I forgot to 不定詞」では、不定詞に入る動詞句がこの表現に依頼や謝罪などの間接的発話行為の機能を与える。

(11)

ちなみに、ウィリアム・ベルの 1969 年のヒット曲 *I Forgot to Be Your Lover* は恋人に謝る歌だが、(11)の配置のように不定詞内に相手との関係を表す要素が入る点に、この歌詞が謝る意味を担う理由がある。

話し手の主張の周囲に対人関係を意味する表現を追加して相手への配慮を表す点では、「I forgot to 不定詞」の用法も、先に見た不同意の応答と同じである。サブトラック 1 では基本的に同義に言い換えて配慮を伝えるが、サブトラック 2 では言語的メッセージに話し手と相手を結びつける要素が追加されるため、談話の構成も含めて、これに該当する表現の範囲が広い。

談話の構成から伝えられる配慮もある。Marsden (2017, 2019) はビジネスの電子メールでは、本文には必要事項だけ書き、最後に改行して私的な内容

を追伸で追加すると、対人関係を良好にする効果があると論じている。(12)
は Marsden (2019: 222) の例を短縮したもので、Alice が執筆中の論文に関す
る相談のメールに Liz が返信しており、以下のような構成になる。

(12)　Dear Alice,
　　　I'm sure this chapter won't bore me to tears! It's repetition that I find
　　　boring, rather than dry facts. ... I've been losing track of my deadlines
　　　recently and I don't want to disappoint anyone.

　　　Best wishes,

　　　Liz

　　　P.S. Please feel free to call me 'Liz' if you wish :)

他にも、ビジネスの相手の奥さんが最近、退院したと聞いた場合は、ビジネ
スには関係ないとしても、P.S. I hope your wife is doing better. のように追伸
を付けると、ビジネスライクなメール本文の解釈を情緒豊かなものに変え
る。これもサブトラック2で配慮を伝える方法である。

(13)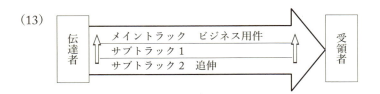

(13)に示すように、ビジネスメールに付け足す私的コメントの追伸は、文
言の配置がビジネス用件を包み込む容器をなすことを示している。
　マルチトラックモデルはPOL理論と配慮表現研究の違いを図示するのに
も役立つ。POL理論の関心は伝達者と受領者の関係であり、両者を結ぶ太
線の矢印の部分である。配慮表現の方は、むしろ矢印の内部、特に表現形式

が定まるサブトラック 1 に関心があり、メイントラックの言語メッセージをサブトラック 1 の容器に収める（言い換える）方法と、その慣習化に焦点を当てている。ただし、表現追加的なサブトラック 2 は形式が定まらないため、配慮を伝える方法として慣習化していても配慮表現の定義には合わない。

　ここから POL 理論と配慮表現研究の向き不向きも見えてくる。配慮表現研究は個々の表現を記述し、辞書に記載する。一方、POL 理論は大まかな基準で発話の内容を選び、各表現の個別性は扱わない。Culpeper（2011）の指摘のとおり、理論の中心概念のフェイスも、Goffman（1967）, B&L（1987）, Spencer-Oatey（2007）といった研究者間で考え方が違い、どの説を採用するかに応じ、相手のフェイスを尊重する表現の種類と範囲が変わる。そのため、POL 理論に基づく辞書編纂は非現実的である。また、POL 理論は文脈から取り出して表現形式を分類しないため、表現方法の応用や解釈はできても、規則化は難しい（cf. Watts（2003）, Taavitsainen and Jucker（2016））。

3.4　リンガフランカとしての英語

　母語話者の英語の特徴というよりは、リンガフランカとして英語を使う際に特徴的な聞き手への配慮もある。お互いの言語が分からない中国人と日本人が英語で話すときのように、非母語話者同士がリンガフランカとして使う英語はお互いの対人関係を良くする手段である。そこではイギリス英語やアメリカ英語といった母語話者の英語にはない分かりやすさが求められる。

　Kecskes（2013: 214）はイディオムが誤解を生む例として、アメリカ人が使う get out of here の用法を議論している。以下の対話で、A は日本人留学生、M はアメリカ人で英語の母語話者である。

(14)　A: Melody, I have received the travel grant.
　　　M: *Nooou*, get out of here!
　　　A: You should not be rude. I did get it.
　　　M: OK, I was not rude, just happy for you.

最初の M の get out of here を聞いて、A は「出ていけ」となぜ命じられなくてはならないか理解できないが、これは日本語の「嘘でしょ、ホントに、良かったじゃん」などに相当し、意外なことや良い意味で驚きのニュースに接した時にアメリカ人が言う定型表現である。

　Kecskes (2013: 119-122) が言うとおり、非母語話者は文字通りの意味から外国語の表現を理解するため、文字通りの意味から離れたイディオムは母語話者と非母語話者の対話では誤解の原因になる。このため、リンガフランカとしての英語ではイディオムを避けることが配慮を伝える方法になる。

　同様に、句動詞（phrasal verb）は英語の特徴だが、The kids made off when they heard us coming. といった例で make off がなぜ「逃げる」を表すか、文字通りには理解が難しく、リンガフランカの英語では flee と言う方が分かりやすい。De Cock (2005) は、非母語話者には、句動詞に関して、使用の回避、文体の混乱、意味の誤解といった問題があると指摘している。例えば、非母語話者の英語として ... teaching them moral values and preparing them to set up their own families といった set up の使い方は誤解であり、母語話者は「結婚して家庭を持つ」という場合は start を使う。句動詞の set up は set up a new business のように仕事を始める際に使う。

　Berk (1999: 128-129) も指摘のとおり、put across には communicate、put out には extinguish のように、多くの句動詞には対応する 1 語の動詞があり、文体的に 1 語の動詞を使う方がフォーマルである。

　リンガフランカの英語では、句動詞よりフォーマルな話し方の 1 語動詞の方が分かりやすく、非母語話者に配慮的である。これはサブトラック 1 で言い換えによる配慮の伝え方である。ただし、この意味の配慮は、相手のフェイスとの距離に応じた話し方の選択とは違うところに根拠がある。

　さらにマルチトラックモデルに収まらない配慮の伝え方もある。その 1 例がコードスイッチングである。英語は世界で最も広く使われており、別の言語との接触も世界で最多である。そのため、英語から他の言語への切り替えも、他の言語から英語への切り替えも最も多い。

　2021 年 1 月 21 日、バイデン米大統領の就任式で歌手のジェニファー・ロペスがお祝いの歌の *This Land Is Your Land* を、当然ながら英語で歌い、歌い

終えるところで突如、スペイン語で "Una nación, bajo Dios, indivisible, con libertad y justicia para todos" と大きく叫んだことがあった。これはアメリカの公式行事でよく暗唱される "One nation, under God, indivisible with liberty and justice for all"（万民のための自由と正義を備えた、神の下の分割すべからざる一国家）に当たるスペイン語である。ロペス自身がプエルトリコ系の生まれということもあるが、この言語の切り替えはヒスパニック系アメリカ人への政治的配慮だった。

　コードスイッチングにもいくつか種類があり、make off を flee にするような言い換えの場合はサブトラック1に収まる配慮としても、上記のように発話全体が途中から相手の言語に代わる場合は、元の言語を別の言語に言い換えるわけではなく、元の言語の追加として別の言語を使うわけでもないので、サブトラック1にもサブトラック2にも該当しない。

　コードスイッチングにより話し手が聞き手との対人関係を良好に保つ工夫は、B&L（1987: 103）が「相手との共通基盤（common ground）を主張せよ」とするポジティブポライトネスの話し方に適合するのでPOL理論では扱えるが、ことばを配慮を入れる容器として考えるマルチトラックモデルでは、うまく扱えない。容器に入れる内容の問題ではなく、容器自体の問題だからである。ここから言語コミュニケーションの理解には導管メタファーが全てではないことも見えてくる。

　英語の配慮表現研究は以下の2点に配慮すべきである。まず、POL理論で言うポライトな話し方は特定の表現形式に対応しない。次に、母語話者の英語と非母語話者のリンガフランカとしての英語では分かりやすさの基準も違う。特にリンガフランカの英語では、賢明な話し方についてフェイスに基づかない説明が新たに必要である。ただし3.5.2で議論するが、その賢明な話し方は、文字通りの意味が失われた句動詞より文字通りの意味で分かる1語の動詞の方が配慮的というように、日本語の配慮表現とは逆の方向で決められる部分がある。それは私たち日本人が英語を使う際の基準でもある。

　リンガフランカの英語では文化や社会の共通基盤よりことばの文字通りの意味の共通理解が重視される。そのため、省略せずに話すのも非母語話者の相手への配慮である。バーダマン（2018: 91-92）が「丁寧な表現は単語数が

多くなり、センテンスが長くなる傾向にある」として、

(15) a. Process this invoice as soon as possible.
　　 b. Would you please process this invoice as soon as possible?
　　 c. Would you please process this invoice as soon as you can? I'm sorry for the tight deadline.

の順で丁寧度があがるとするのも、ポライトネスではなくリンガフランカでの賢明な英語の表現という観点では納得がいく。

　リンガフランカの英語における配慮は形式性 (formality) の問題になる。サブトラック1でフォーマルな文体に言い換え、サブトラック2で相手に接触する表現を追加するという形式の整え方も非母語話者間で英語をリンガフランカとする文脈が最も効果的である。この種の配慮は、お互いが誤解を避ける話し方を最優先するところに動機があり、Keysar (2008) の言う意味で話し手の自己中心性 (egocentricity) が根底にあることが見えてくる。

3.5　本研究の理論的含意

　本研究の理論的含意は3点ある。まず、配慮表現から言語学における語用論の位置づけが見えてくる。次に、山岡編 (2019) の配慮表現とリンガフランカの英語での配慮表現の相違点を議論する。最後に、ネガティブポライトネスと配慮表現の違いから、配慮表現が基づくべき概念を明らかにする。

3.5.1　配慮表現の言語学での位置づけと語用論の役割

　配慮表現の言語学での位置づけを議論したい。音声学・音韻論、統語論、意味論、語用論といった言語学の下位分野で、配慮は語用論が扱うと考える根拠には、3.2で論じたように、Do you mind if I open the window? と Would you mind if I open (ed) the window? は基本的な意味は同じで、丁寧さというコミュニケーション上の特徴で違うという事実観察がある。これは、語用論、特にPOL理論のような対人関係のことばの研究は、意味の研究から真

理条件を取り除いた部分とする Gazdar (1979: 2) の立場と同じである。

　単純な引き算で見ると、この真理条件以外の意味の部分を語用論とする立場からは、音声学・音韻論、統語論、意味論はコミュニケーションを扱わないとも考えられる。だが、マルチトラックモデルでは、発音、文法、意味のいずれもサブトラック1とサブトラック2で配慮の「容器」を作るのに資するため、音声学・音韻論、統語論、意味論も全て語用論を経由してコミュニケーションに関与する。すると、語用論はこれらの下位分野の取りまとめ役と言える。もちろん、言語学全体と語用論が同じという意味ではない。

　詳しく述べると、音声学・音韻論、統語論、意味論が言語学の下位分野であるというようには語用論は言語学の下位分野であるとは言えない。むしろ語用論は音声学・音韻論、統語論、意味論といった言語学の下位分野を対人関係や文体の形式性といったコミュニケーション上の観点から編集する方法と見るべきである。これは特にサブトラック2に当てはまる。

　言語的メッセージ以外の意味をサブトラック1とサブトラック2に分ける方法は、中右 (1994) が命題以外の言語表現の意味をSモダリティとDモダリティに区別するのと軌を一にする（Sは sentence、Dは discourse の略）。Sモダリティに相当するサブトラック1は言語的メッセージを言い換えて配慮を表し、Dモダリティに相当するサブトラック2は言語的メッセージに別の表現を追加して配慮を表し、当該メッセージを周囲の文脈に接続する。

3.5.2　他の配慮表現との関連

　次に、本章で扱った英語の配慮表現と他の配慮表現との関連を検討する。(16) は、山岡編 (2019: 3) からの引用である。

(16)　（贈り物の前置きの「つまらないものですが」や依頼の前置きの「悪いけど」などの表現は）いずれも成句の配慮表現で、まず形式として一定の連語形式に固着したうえ、それを構成する実質語の原義が捨象され、対人儀礼として慣習化しているという共通の特徴がある。（中略）成句としての慣習化と実質的な意味の捨象が同時に起きるのが成句レベルの配慮表現の特徴と言えよう。

(16) の説と照合すると、間接的発話行為で使う Would you mind if ...? や「I forgot to 不定詞」は一定の慣習化を経た成句には適合するが、文字通りの意味を保持しており、原義の捨象という点では配慮表現の資格を欠く。

この点には配慮の所在に関し配慮表現研究と POL 理論の考え方の違いが反映されている。3.3.3 で触れたとおり、配慮表現研究では個別の表現を形式的に区切り、その用法を切り取り、その用法を辞書に記載する。その結果、山岡編 (2019: 40-41) の例を借りると、「ちょっと短い」の「ちょっと」は低程度という原義があり、「ちょっと雑だな」の「ちょっと」は低程度の意味を残しつつ、相手との摩擦を緩和する配慮の方向に用法が拡張し、さらに「ちょっと無理」の「ちょっと」は低程度の意味を喪失し、配慮に特化したものという慣習化の勾配性 (gradience) を認めている (Leech 1983)。

この考え方では、各表現の用法間で原義の保持率に勾配があっても、表現の意味として配慮を表すか表さないかが決まることになる。つまり、配慮が個々の表現の中に入っていると見る。上の例を使うと、「つまらないものですが」という形式に配慮が入っているので、山岡編 (2019: 42) が言うとおり、たとえ類義としても「おいしくないものですが」は贈り物の前置きとしての配慮表現にならない。形式と内容としての配慮の対応がないからである。

一方、POL 理論は表現の形式に配慮が入っているとは考えない。むしろ配慮は Grice (1975) の会話の推意 (conversational implicature) と同じく表現の意味から推論されるものであり、形式は定まらなくても一定の意味を共有する表現群からは同じ配慮を導くことができる。この考え方では、配慮は表現の内容ではなく推論の結果なので、推論の元になる表現の原義が喪失されることはない。ただし、推論のパターンは慣習化があって良い。

3.3.3 で見た「I forgot to 不定詞」の表現が間接的に依頼や謝罪を伝えるのも、実際に忘れたか口実として忘れたことにしたかを問わず、話し手の失念が聞き手に推論してもらう要因になるからであり、話し手の失念という意味を共有していれば、to 不定詞の形式を備える必要がなく、I forgot your name/your birthday/our anniversary といった表現も同様に依頼や謝罪に使うことができる。形式が定まらず、原義から配慮が推論される点で、「I forgot to 不定詞」の用法は配慮的であっても配慮表現ではない。

　Kecskes（2013）が指摘するとおり、母語話者間のコミュニケーションは、ことば以外からも相互理解が補えるため、ことばの文字通りの意味を軽視しても成立する。言い換えると、慣習化して原義が捨象されたことばを多く使うのが母語話者の話し方の特徴である。3.4 で見た get out of here や句動詞のように、原義が捨象されたイディオム表現を使えば使うほど非母語話者への配慮を欠くことになる。また、法助動詞の疑問文で依頼を表す用法は、ロシア語やポーランド語にはない英語の特徴とされ（Wierzbicka 2003）、このような疑問文の用法がない言語の母語話者には分かりにくい。

　ここに POL 理論とも配慮表現研究とも違うが、両者の中間的な位置のリンガフランカ向けの配慮の表し方があることが見えてくる。リンガフランカの英語で通じる賢明な話し方は、形式性を重視し、文字通りの意味からの推論で非母語話者にも配慮が理解可能な表現である。リンガフランカで慣習化が進まない理由は話し手と聞き手で経験の共有がなく、対人関係を良好に保つには文字通りの意味のことばに頼るよりほかに方法がないからである。

3.5.3　配慮表現とネガティブポライトネスの違い

　形式性を重視する配慮表現は POL 理論で言うネガティブポライトネスの話し方と重なるところがある。ただし、両者は区別されるべきである。

　Grundy（2000: 158）が指摘するとおり、ネガティブポライトネスの話し方とポジティブポライトネスの話し方は同じ相手に同じ状況で合わせて使うことができる。下記の例は、隣人が古びた車を路駐したままにしているので、車庫にしまってもらうようにお願いする際の発話である。

(17)　I'm sorry to ask, Bill, but do you want us to have the pleasure of admiring your new car from our front room forever? It's just that we've nowhere to park when it's outside our house.

この例は謝るところから始め、自分の要求を小さく表す点ではネガティブポライトネスに当たるが、相手にファーストネームで呼びかけ、古びた車を

your new car と冗談めかして言う点などはポジティブポライトネスに当たる。このような組み合わせには、隣人なので連帯を保ちつつも、迷惑なことはやめてもらうという複合的な理由がある。

　先のコードスイッチングと同じく、異なるスタイルの組み合わせも導管メタファーに収まらず、マルチトラックモデルでは扱い難い。POL 理論は導管メタファーを超えたことばの用法に手を着けた点に射程の大きさがある。

　一方、形式性を重視する配慮表現は語句や文の特徴であり、談話の特徴でもある。そのため、配慮表現は談話上で一定の話し方に落ち着き、他のスタイルと混ぜて使うことはない。表面的には、この点で配慮表現はネガティブポライトネスの話し方とは違う。さらに両者には概念的な違いもある。

　リンガフランカを使って相手と行動を共にする場面を念頭に、配慮表現が基づくべき概念は何か考察しよう。この場合、話し手と聞き手は共通の経験がないため、ことばを通じた情報共有が行動をともにする際に不可欠である。そうではないとすると、一方が他方に黙ってついていかざるをえず、ついていく側には自由はない。一方的にリードする側にも自由はない。

　不自由な相手と行動すると、自分の方も不自由になるが、相手と情報を共有しておくと、自分の自由も増える。ここでリンガフランカが果たす役割は大きい。リンガフランカが表す配慮は、話し手と聞き手の双方の利に資するもので、お互いに自己中心的に動ける範囲を増やす効果がある。

　自己中心性の概念は、苫野 (2020) が言う自由の相互承認から理解することができる。この説によれば、私たちは自分の「生きたいように生きたい」が、「わがままな自由」は必ず衝突を生み、自分の自由も失う結果になる。そのため、自分も自由でいられるように他人の自由を認めることになる。これが「自立した自由」と呼ばれ、相互承認された自由のことである。

　ここから振り返ると、「I forgot to 不定詞」を使った間接的な依頼では、話し手は自立した自由の立場から発言し、聞き手にも自立した自由の立場から支援を期待するように相互支援の話の展開が慣習化している。不同意の応答では、話し手は自分の自由を聞き手に主張する。逆に電子メールの追伸は、聞き手の方に自立した自由があることを伝える手段である。

　お互いの自由に立脚するため、配慮表現は、自分の好きなようにしていた

いという欲求を尊重するネガティブポライトネスと重なる部分がある。ただし、ポライトネスが基づくフェイスは個人の心理だが、配慮表現が基づく自立した自由の相互承認は社会で慣習化している。個人の心理の問題のため、ネガティブポライトネスはポジティブポライトネスに転じる柔軟性がある。一方、相互承認された自由は社会の一部なので、配慮表現は個人の自由では変えられず、談話のスタイルとして確立しており、ことばの形式性を保つことで、お互いの自己中心性を妨げないという合意を履行している。

3.6 結論

　本章では英語の事例を基に、POL 理論とは独立して言語間で配慮表現を比較対照する方法を探究した。最初に記したように、POL 理論は応用範囲が広い。これは POL 理論が表現形式に直接関与せず、むしろ表現方法を内容面から規定するため、どの言語の、どのような場面のことばのやりとりにも入っていかれるからである。一方、配慮表現は表現形式を扱うため、各言語の個別性を示すことができても、形式からは言語間の共通点を導くことが難しい。ただし、本章で議論したように、文字通りの意味で分かる範囲のことばを省略せずに使うという賢明な話し方は、どの言語でもスタイルの形式的な整え方として言語間の共通点を見出すことができると考えられる。

　日本語以外の諸言語に配慮表現研究を拡げていくには、その基本的理解にある原義の捨象以外にも慣習化の勾配を認める基準があって良い。特に外国語に関しては、共時的に理解される基準が望ましい。その1つにアコモデーション理論で言う聞き手への同調が考えられる (cf. 石黒 2013)。話し手が同調する聞き手の範囲、同調させることばの範囲、同調する場面の選択、同調の頻度、自分のことばを制限する範囲などから、複合的な勾配を設定できる。本章で言及した句動詞の言い換えやコードスイッチングのようにリンガフランカの英語には関連する事例が豊富にある。

　配慮表現の特徴を活かした応用面では、フォーカス・オン・フォームの英語教育は言語形式、意味、場面での言語使用という3つの視点からの指導を旨としており、POL 理論より配慮表現研究の方が近い (cf. 高島 2011)。また、

話し方の形式と言い換えに着目する点で、マルチトラックモデルはやさしい日本語に適用でき、サブトラック1でイディオムを除いた言い換えによりやさしい日本語は非母語話者に配慮的である（cf. 岩田2016）。

　理論的には、配慮表現のベースにはPOL理論が基づくフェイスよりも、苫野（2020）の意味で自由の相互承認があると言える。フェイスより自由の相互承認の方が社会慣習として固定化しやすく、良好な対人関係を保つために使う配慮表現は、話し手が自分の都合のために使うものであり、相手に配慮することは、相手に自分と同じ程度の自由を保障することだからである。

　コミュニケーションを扱う言語研究がPOL理論から独立して進展するには、POL理論が導管メタファーに収まらないことばの用法を扱う以上、導管メタファーに代わり、ポジティブポライトネスやコードスイッチングなどに当てはまるメタファーを新たに構想し、POL理論の守備範囲を把握する必要がある。その作業にとりかかるには稿を改めなくてはならない。

　＊ネット検索の結果は2023年3月4日の数値に基づいている。ただし、Googleが2023年11月にヒット件数表示を廃止したため、現在、本文中の数値は再検索で入手できない。

参考文献

石黒圭（2013）『日本語は「空気」が決める：社会言語学入門』光文社
井上逸兵（2015）『グローバルコミュニケーションのための英語学概論』慶應義塾大学出版会
岩田一成（2016）『読み手に伝わる公用文：「やさしい日本語」の視点から』大修館書店
遠藤智子（2022）「非流暢で自然な日本語：会話分析の観点から」鎌田修・由井紀久子・池田隆介（編）『日本語プロフィシェンシー研究の広がり』pp.101-111. ひつじ書房
定延利之（2022）「非流暢で自然な日本語：記述言語学の観点から」鎌田修・由井紀久子・池田隆介編『日本語プロフィシェンシー研究の広がり』pp.77-88. ひつじ書房
高島英幸（2011）『英文法導入のための「フォーカス・オン・フォーム」アプローチ』大修館書店
趙東玲（2018）「日中会話の不同意表明に見られる「配慮」の伝え方の分析」『人間社会

環境研究 35』pp.33-48. 金沢大学大学院人間社会環境研究科
苫野一徳（2020）「コロナショックで問われる「学校」「教師」の存在意義：公教育の構造転換に向けて」『ポスト・コロナショックの学校で教師が考えておきたいこと』pp.4-13. 東洋館
中右実（1994）『認知意味論の原理』大修館書店
マヤ・バーダマン（2018）『英語の気配り：マネしたい「マナー」と「話し方」』朝日新聞出版
マヤ・バーダマン（2021）『人を動かす、気配りの英語表現：相手も自分も大事にしたい人のためのフレーズ集』ジャパンタイムズ出版
安井稔・安井泉（2022）『英文法総覧：大改訂新版』開拓社
山岡政紀編（2019）『日本語配慮表現の原理と諸相』くろしお出版
吉岡泰夫（2011）『コミュニケーションの社会言語学』大修館書店
Berk, Lynn（1999）*English Syntax: From Word to Discourse*, Oxford: Oxford University Press.
Brown, Penelope and Stephen C. Levinson（1987）*Politeness: Some Universals in Language Usage*, Cambridge: Cambridge University Press.（田中典子・斉藤早智子・津留崎毅・鶴田庸子・日野壽憲・山下早代子訳（2011）『ポライトネス 言語使用における、ある普遍現象』研究社）
Culpeper, Jonathan（2011）*Impoliteness: Using Language to Cause Offence*, Cambridge: Cambridge University Press.
De Cock, S.（2005）"Learners and Phrasal Verbs," *Macmillan Phrasal Verbs Plus*, Oxford: Macmillan. LS16-LS20.
Gazdar, Gerald（1979）*Pragmatics: Implicature, Presupposition and Logical Form*, New York: Academic Press.
Goffman, Erving（1967）*Interaction Ritual: Essays on Face-to-Face Interaction*, Garden City, N.Y.: Doubleday.
Goffman, Erving（1978）"Response Cries," *Language* 54, pp.787-815.
Grice, Herbert P.（1975）"Logic and Conversation," In Cole, Peter and Jerry L. Morgan (eds.) *Syntax and Semantics, Vol. 3, Speech Acts*, pp.41-58. New York: Academic Press.
Grundy, Peter（2000）*Doing Pragmatics,* 2nd ed., London: Routledge.
Gumperz, John J.（1982）*Discourse Strategies*, Cambridge: Cambridge University Press.
Jakobson, Roman（1960）"Linguistics and Poetics," In T Thomas A. Sebeok (ed.), *Style in Language*, pp. 350-377. Cambridge, MA: MIT Press.
Kecskes, Istvan（2013）*Intercultural Pragmatics*, Oxford: Oxford University Press.
Keysar, Boaz（2008）"Egocentric Processes in Communication and Miscommunication," In Kecskes, Istvan and Jacob L. Mey (eds.) *Intention, Common Ground and the Egocentric Speaker-Hearer*, pp.277-296. Berlin: De Gruyter Mouton.

Lanigan, Catherine (2014) *Love Shadows: A Clean Romance*, Toronto: Harlequin.

Leech, Geoffrey N. (1983) *Principles of Pragmatics*, London: Longman.

Levinson, Stephen C. (1983) *Pragmatics*, Cambridge: Cambridge University Press.

Locher, Miriam A. and Richard J. Watts (2005) "Politeness Theory and Relational Work," *Journal of Politeness Research* 1, pp.9-33.

Marsden, Elizabeth (2017) "Business and Pleasure; A Multimodal Approach to (Im) politeness in Email Data," A paper read at the 15th International Pragmatics Conference, Belfast.

Marsden, Elizabeth (2019) *Relationship Management in Intercultural Business Emails*, Doctoral dissertation submitted to University of Huddersfield.

Pomerantz, Anita (1985) "Agreeing and Disagreeing with Assessments: Some Features of Preferred/Dispreferred Turn Shapes." In J. Maxwell Atkinson and John Heritage (eds.) *Structures of Social Action: Studies in Conversation Analysis.* pp. 57-101, Cambridge: Cambridge University Press.

Reddy, Michael (1979) "The Conduit Metaphor: A Case of Frame Conflict in Our Language about Language." In Andrew Ortony (ed.), *Metaphor and Thought*, pp. 164-201. Cambridge: Cambridge University Press.

Schegloff, Emanuel A. (2007) *Sequence Organization in Interaction: A Primer in Conversation Analysis*, Cambridge: Cambridge University Press.

Spencer-Oatey, Helen (2007) "Theories of Identity and the Analysis of Face," *Journal of Pragmatics* 39 (4), pp. 639-656.

Taavitsainen, Irma and Andreas H. Jucker (2016) "Forms of Address." In Carole Hough (ed.), *The Oxford Handbook of Names and Naming*, pp. 427-437, Oxford: Oxford University Press.

Watts, Richard J. (2003) *Politeness*, Cambridge: Cambridge University Press.

Wierzbicka, Anna (2003) *Cross-Cultural Pragmatics: The Semantics of Human Interaction*, 2nd ed., Berlin: Mouton de Gruyter.

第 4 章　中国語の配慮表現

李奇楠

4.1　はじめに

　「配慮」は人間としての基本的素養だと考えられる。そのような相手（のこと）や他人（のこと）のために心をくばる表現は、「配慮表現」と素朴的に言えるであろう。本章は、配慮表現の対照研究における「中国語の配慮表現」を中心に論じる。「配慮表現」の定義づけは、以下の山岡編（2019: 38）を参照する。

> 対人的コミュニケーションにおいて、相手との対人関係をなるべく良好に保つことに配慮して用いられることが、一定程度以上に慣習化された言語表現

中国では、古来 "和為貴"（和を貴しとなす、下記『論語』1:12 参照）の文化伝統があり、現代中国では、社会主義核心的価値観（下記の 12 語 24 文字）として、"和諧（調和）、平等（平等）、友善（仲良し）" などの理念を大事にしている。

　　　有子曰、禮之用<u>和為貴</u>[1]、先王之道斯為美、小大由之、有所不行、知和而和、不以禮節之、亦不可行也、（有子が曰わく、礼の用は<u>和を貴しと為す</u>。先王の道も斯れを美と為す。小大これに由るも行われざる所あり。和を知りて和すれども、礼を以ってこれを節せざれば、亦た行われ

ず。)　　　　　　　　　　　　　（『論語』1: 12　金谷訳注（1999: 28-29））

社会主義核心的価値観：
　　富強（裕福）、民主（民主）、文明（文明）、和諧（調和）、
　　自由（自由）、平等（平等）、公正（公正）、法治（法治）、
　　愛国（愛国）、敬业（職業愛）、誠信（誠信）、友善（友愛）[2]

以上のような伝統的意識・現代の価値観は良好な人間関係の構築・人々のコミュニケーションの言語行為に表われ、現代中国語には、"打扰一下（おじゃまします）"、"僭越（僭越ながら）"、"一点心意（気持ちだけですが）"、"真不巧（おあいにくさま）"などの配慮表現が使われている。

4.2　先行研究

中国語には、"敬辞"、"謙辞"のような尊敬語、謙譲語が多く存在している。語彙論の立場からそれらに関する研究は、たとえば、陳（1989）、劉（2001）などがある。

日中対照の立場から、依頼表現や謝罪表現に関する語用論的研究は、山岡・李（2004、2007）、配慮表現に関する日中対照研究は山岡・李（2015）、李（2019）などがある。

本章は、上記のような研究成果を踏まえ、《挨拶》や《依頼》や《忠告》のような発話行為を中心に、Leech（1983）、Brown & Levinson（1987）、山岡編（2019）などにおけるポライトネス・配慮関連の原理にもとづき、中国語の配慮表現について考える。

4.3　出会いにおける《挨拶》の表現

ふだん、友人や知り合いに会う時、挨拶の表現が使われることが多い。日本語の場合、「おはよう」や「こんにちは」や「こんばんは」や「おやすみなさい」などがふつう用いられることになるが、中国語の場合、"你好"、"老

師好"、"晩上好"、"晩安"などのような挨拶用語が常に用いられる。ただし、使用頻度は日本語のような挨拶用語ほど高くはないとも考えられる。たとえば、日中対訳コーパスの関連用例を検索し、その使用率を対照してみるとわかる。

下記表1からわかるように、朝、昼、夜、別れのような大まかな時間帯や会話の流れによって、それぞれの代表的な挨拶を日中対訳コーパスにて調べてみると、数字的には日本語のほうは、中国語の使用回数より多いという結果を得た。別れの挨拶以外、どちらも倍以上乃至7倍ほど多く用いられている[3]。

ちなみに、中国語の場合は漢字表記だけで、日本語の方は漢字表記・かな表記の差があるが、あらたまり度の違いによる使い分けは、中日両言語にとって同じことが言える。

表1 挨拶における中日両言語の使用回数

挨拶	中国語	日本語
朝の挨拶	1（早上好）	7（おはよう・おようございます）
昼の挨拶	8（你好）	16（こんにちは・今日は）
夜の挨拶	2（晩安）	14（おやすみ（お休み）・おやすみなさい（お休みなさい））
別れの挨拶	35（再見32・回見1・回头見2）	45（さようなら23・さよなら20・じゃあね2）
総計	46	82

（日中対訳コーパスによる検索データ）

以下、具体的用例を取り上げながら中日両言語の共通点と相違点を対照し分析してみる。

（1） 她不时弯下腰为小同学拽平打褶的衣襟，语气温和地问候每一个走进校门的学生："<u>早上好，孩子</u>。"她的问候象一股温暖的春风吹入心底，孩

子们的眼睛都亮起来。(彼女は時々腰をかがめて小さな生徒のシャツのえりを直してやり、門をくぐる生徒のひとりひとりに「おはよう」と声をかけ、生徒たちは、みなニッコリして元気に校門をくぐった。)

(轮椅上的梦 (原文) 車椅子の上の夢 (訳文)、下線は本章の筆者、以下同じ)

(1) は中国語の"早上好"の用例である。日中対訳コーパスには、この一例しかないが、日常生活においてよく使われる挨拶だと言える。中国語では、年齢差などによる使い分けがないが、年上の方に挨拶するとき、"早上好"の前に、親族呼称や職業の敬称などをふつう付けることになっている。たとえば、"叔叔，早上好(おじさん、おはようございます)"、"老师，早上好(先生、おはようございます)"のような言い方である。(1) の日本語のほうは、「おはよう」となっているのは、ここでは、校長先生から生徒のひとりひとりへの挨拶なので、愛をこめての親しい挨拶の言い方でもあろう。その代わり、中国語の"早上好"は人間関係や場合によって、日本語のほうでは「おはよう」と「おはようございます」とのどちらかになる可能性があるはずである。こちらの挨拶に関しては、日本語のほうは客観性[4]が高いと言える。

(2) 爸爸！这不是萍儿和藻儿吗？他亲自给倪藻起的名字，倪藻，就是"<u>你早</u>"，就是 good morning，就是欧罗巴的文明……(パパ！これは倪萍と倪藻じゃないか！私が付けてやった名前だ、倪藻とは<u>「你早」good morning</u> の意味である。ヨーロッパ文明なんだぞ……)

(活动变人形 (原文) 応報 (訳文))

(3) 冯永祥一走出主任委员办公室，梅佐贤便从走廊那边迎了过来，远远点头招呼道："冯先生，<u>您早</u>。"(馮永祥が主任委員事務室を出ると、梅佐賢は廊下の向こうから迎えてきて、遠くからうなずいて「馮さん、<u>おはようございます</u>」と挨拶した。)

(CCL コーパス　周而复 上海的早晨)

(4) "<u>早安</u>！林小姐，您起来啦？"他深深地鞠了一躬，把鲜花插在一只玻璃瓶子里，就站在门边点着香烟斜睃着她。(「<u>おはよう</u>、林のお嬢さ

ん、おめざめですか？」かれは、深ぶかと頭をさげると、バラの花束をガラスの花瓶にさし、ドアのそばに立ったまま、煙草に火をつけて、流し目で道静のほうを見やった。）

(青春之歌（原文）青春の歌（訳文））

（5） 随后，坐在别人让给他的那节儿檩条上，瞧瞧这个，说声"早哇"？看看那个，问声"吃啦"？和和气气，跟往日比，几乎变成了两个人。（先客が秦富のために棟木の一隅をあけてくれるのを待って、腰をおろし、こっちをみて、「よう、早えな」あっちを向いて、「どうでえ、具合いは」しごく愛想がよくて、いままでの秦富と同一人物とはとても思えない。）　　　　　　　　　　（金光大道（原文）輝ける道（訳文））

中国語の朝の挨拶としては、"早上好"以外に、たとえば、上記(2)〜(5)までは、二人称代名詞である"你"＋形容詞である"早（早い）"との組み合わせ"你早（おはよう）"ならびに二人称代名詞の敬称である"您"＋形容詞である"早"との共起構造の"您早（おはようございます）"があり、いまはより書きことば的用法のあらたまった言い方の"早安（おはようございます）"、さらに形容詞一個の"早"および(5)に使われている形容詞"早"と終助詞"哇"との結合である"早哇"もくだけた言い方として、親しい間柄や友人同士などでよく使われている朝の挨拶慣用句として定着している用法である。さらに、(5)に出てきた"吃啦（食べた？）"は動詞"吃（食べる）"と問いかけの意味を表わす終助詞"啦（〜（か）？）"との組み合わせで朝ごはんの時間帯であったら朝の挨拶代わりとして今でもごく親しい友人関係では使われている。コロナ時代とも考えられるいまこの時期（2022年の年末および2023年の年頭のこの目下の時期）は、ふつうの挨拶として知り合い同士では開口一番おそらく"你阳了吗？（陽性になった？）"と言い合うことになってしまったようだ。

（6）　周迅：鲁豫，你好。现场的朋友，大家好。（周迅：鲁豫、こんにちは。ご来場の皆さん、こんにちは。）　　　　（CCLコーパス　鲁豫有约）

（7）　"你好，八三！恭喜恭喜！……"（「やあ、八三！おめでとう……」）

（彷徨（原文）彷徨（訳文））

（8）"一年多了。你好？还在北大吗？"道静微笑着，她对卢嘉川也有一种亲切的好像熟朋友样的感情。(「一年あまり。あなたはずっとお元気でしたの？まだ北大にいらっしゃるの？」道静も微笑を浮かべていった。芦嘉川がなんだか古くからの知りあいのような、したしみの感情が湧いてくるのだった。)

（青春之歌（原文）青春の歌（訳文））

（9）"戴愉先生，你好？"那个瘦男人抢先要和戴愉握手，戴愉十分惊异地望望这个男人，他没有伸出手来，……(「戴愉先生、ご機嫌いかが？」瘦せた男が、先に戴愉と握手をしようとした。戴愉は仰天したようにその男を見つめ、手をだそうとはしなかった。)

（青春之歌（原文）青春の歌（訳文））

中国語の"你好"は、相手への挨拶として、もともと朝・昼・夜の時間別とは関係なく、自由に使えるが、とくに昼間の間、用いられる挨拶の用語として広く使われている。上記の(6)～(9)までの使用例からもわかるように、知り合いや仲の良き友人やまったく面識のない人との挨拶表現として"你好"が使用されている。それに対応する日本語の言い方が一様ではないことからもわかるように、話し手・聞き手の人間関係など具体的コンテキストによって多少違っているコードが選択されている。「こんにちは」以外に、ぞんざいで親しい間柄しか使えない「やあ」や知的女性の会話にふさわしい「あなたはずっとお元気でしたの？」や丁寧でポジティブポライトネス的な「ご機嫌いかが？」などの表現スタイルが見られる。中国語の"你好"の主観性と日本語のそれに対応するきめ細かい客観性に富むバリエーションの言い方とが白黒対カラフルのコントラストを織りなすそれぞれの言語模様が浮き彫りになっているであろう。

（10）"观众朋友，晚上好！"随着中央电视台节目主持人杨澜的一声问候，一场题为《环球旅游》的音乐会在北京音乐厅拉开序幕，千余名听众将乘坐"音乐列车"，作一次愉快的环球旅行。(「ご来場の皆さん、こん

ばんは！」中央テレビ局の番組司会者楊瀾氏の挨拶に伴い、「世界一周旅行」と題したコンサートが北京コンサートホールで始まり、千人以上の聴衆が「音楽列車」に乗り、楽しい世界一周旅行をすることになった。）　　　　　　　　（CCLコーパス　1994年人民日報）

(11)　在"网民朋友晚上好"的问候声中，楼大鹏委员开始了与网民的在线交流。（「ネットユーザーの友人のみなさん、こんばんは」という挨拶の中で、楼大鵬委員はネットユーザーとのオンライン交流を始めた。）
（CCLコーパス　新华社2001年3月份新闻报道.txt）

(12)　两人没说什么，直上船，大家道声"晚安"散去。方鸿渐洗了澡，回到舱里，躺下又坐起来，……（二人は何も言わずに船に乗り込み、みんなは「おやすみなさい」と言って散った。方鴻漸はお風呂に入って、船室に戻って、横になってまた座って、……）
（CCLコーパス　钱钟书.TXT）

夜の代表的挨拶には二種類があると言える。1つは"晚上好（こんばんは）"、もう1つは"晚安（おやすみなさい）"と考えられる。中国語では、夜別れる時の挨拶として"晚安（おやすみなさい）"が使われるが、夜会った時やイベントの最初などには"晚上好（こんばんは）"が用いられることが多い。たとえば、上記(10)の用例はあらたまった場面において大勢の人々に向かって司会者によって使っている中国語の"晚上好（こんばんは）"であり、(11)は、オンライン交流のあらたまった場面においての専門家よりネットユーザーの皆さんに向かって挨拶の用語としての"晚上好（こんばんは）"である。(12)の"晚安（おやすみなさい）"は寝る前に別れた時の挨拶として使われている。ただ、この"晚安（おやすみなさい）"はちょっと堅い表現で、まったく使わないとは言えないが、日常生活では、むしろ、下記(13)の"早点儿休息（早く休んで）"、(14)の"早点睡吧（早く寝なさい）"などのような言い方はふつうに使われている。

(13)　"我睡了啊！你也早点儿休息。"婆婆从厨房出来，顺手把灯灭了，手里捶着腰。（「私は寝るよ。あなたも早く休んで」姑は台所から出てき

て、ついでに電気を消して、手で腰をたたいていた。)

(CCL コーパス　六六 双面胶.txt)

(14) "早点睡吧。"母亲悄声说。(「早く寝なさい」と母は静かに言った。)

(CCL コーパス　张承志 黑骏马.txt)

日本語の「おやすみ」と「おやすみなさい」との使い分けは、中国語においてはどちらも"晚安"と表現できる。たとえば下記(15)(16)においての用例からわかる。

(15) 「おやすみ」をあなたに言ってもう今日は鳴らなくていい電話と思う
（对你说声："晚安。"我想，电话铃 今天已不需再响。)

(サラダ記念日（原文）沙拉纪念日（訳文))

(16) 奥さんらしい女性が出てきてレイコさんと立ち話をし、クスクス笑いそれから中に入って今度は大きなビニール袋を持って出てきた。レイコさんは彼女にありがとう、おやすみなさいと言って僕の方に戻ってきた。(一位主妇模样的妇女出来，同玲子站着聊了几句，然后嘻嘻笑着钻入里边，再出来时手里提着一个大塑料袋。玲子对她说了声"谢谢，晚安"，朝我这边赶回。)

(ノルウェイの森（原文）挪威的森林（訳文))

ただ、中国語の場合、"晚安"以外に、とくにこれしかないという決まり文句のような言い方がないと言える。次の(17)では「お休み」に対して、"请歇息吧"、"你安歇吧"、"你休息吧"のようなそれぞれ3つの中国語の言い方が現れている。(18)の「お休みなさい」も"请安歇吧"、"你睡吧"、"明儿见"などのような言い方が見られる。

(17) 「じゃあ、お休み。」("那么，请歇息吧。"／"那么，你安歇吧。"／"那么，你休息吧。") 　　　　　(雪国（原文）雪国(1)(2)(3)（訳文))

(18) 「お休みなさいね。」と、どこかへ消えて行ったのに、しばらくするとコップに二杯なみなみと冷酒をついで、彼の部屋へ入って来るなり激

しく言った。(说了声"请安歇吧"，就无影无踪了。不大一会儿，她酌了两杯满满的冷酒，端到他的房间里来，用兴奋的语气说：／"你睡吧。"她说着不晓得到哪里去了一趟，过了一会儿，她端来了两杯装得满满的冷酒，一走进他的房间就兴奋地说：／"<u>明儿见</u>。"说完便不知到哪去了。过了一会儿，端了满满两杯冷酒来，一进屋便兴冲冲地说：)

（雪国（原文）雪国（1）（2）（3）（訳文））

要するに、(17)(18)における3つの訳がそれぞれ違う言い方となっていることは、「おやすみ」「おやすみなさい」のような日本語の挨拶用語、すなわちそのような日本語のきまり文句に対応する安定的な挨拶は中国語には特にないと言える。

　中国語と日本語とのこのような同じ発話機能に関する記号化のすれ違いは、単純なる別れの挨拶表現にも言える。日本語の「さようなら」は中国語では、"再见"とはある程度イコール関係となっているが、"回见""回头见"のような言い方も使われている。もちろん日本語の方には「じゃね」「それではまた」などのくだけた言い方もあるし、相互交差的状態となっている。

(19) 「今日学校へ行ってみんなにあだなをつけてやった。校長は狸、教頭は赤シャツ、英語の教師はうらなり、数学は山嵐、画学はのだいこ。今に色々な事をかいてやる。<u>さようなら</u>」("今天去了学校，给大家起了外号：校长是狐狸，教务主任是红衬衫，英语教员是老秧，数学教员是豪猪，图画教员是小丑。其余的事今后再写给你。<u>再见</u>。"／"今天到学校去，给大伙儿都起了个外号儿："校长是'狗獾'，教务主任是'红衬衫'，英文教员是'老秧南瓜'。教数学的是'豪猪'，教画的是'蹩脚帮闲'。不久，俺还会给你写信的。<u>再见</u>。"／今天到学校去了，给他们全都起了个外号，校长叫狐狸，教务主任叫红衬衫，英语教员叫冬瓜脸，数学教员叫野猪，图画教员叫帮腔佬。其他一些事下次再写。<u>再见</u>。)

（坊ちゃん（原文）哥儿（1）（2）（3）（訳文））

(20) 前にも書いたように僕は日曜日にはねじを巻かないのです。そのせいで手紙がひどく長くなってしまいました。もうやめます。そして食堂

に行って昼ごはんを食べます。さようなら」(以前我已写过，星期天我是不拧螺丝的，因此信也就写得很长很长。不再写了，这就去食堂吃午饭。再见。)　　　　　(ノルウェイの森(原文)挪威的森林(訳文))

(19)は手紙の最後に書いた挨拶のことば「さようなら」が用いられている。ここでは、親しい間柄の家族のような人へのお別れ(しばらく会えないため)の言葉である。それに対する中国語の訳が3つあり、どれも"再见"が使われている。裏を返せば、中国語の"再见"が日本語の「さようなら」とのこの場面での対称性が見られる。(20)も(19)と同じ用例である。すなわち、手紙の最後に書いた挨拶のことばである「さようなら」のもう1つの用例である。

(21) 仕舞に話をかえて君俳句をやりますかと来たから、こいつは大変だと思って、俳句はやりません、さようならと、そこそこに帰って来た。発句は芭蕉か髪結床の親方のやるもんだ。数学の先生が朝顔に釣瓶をとられて堪るものか。(最后，他转了个话题，问道："你会作俳句吗？"这下子可要命了，我连忙说："不会作俳句，再见。"便匆匆回来了。俳句这玩艺是芭蕉或剃头师傅干的。数学先生也写什么"牵牛缠吊桶……"，那受得了吗？／最后，他转变话题，突然向俺提出："你是不是作俳句呀？"俺想这可招惹不得，忙说俺可不作俳句，便匆匆说声"再见"，告辞回来了。俳句这玩意儿是芭蕉啦、理发铺的老掌柜搞的玩意儿。如果教数学的老师，也来个"牵牛花呀，吊桶儿被它缠绕……"谁受得了呀。／最后，他问我写不写俳句。我心想，这可要了命，连忙答道："俳句我可不会，再见吧！"就匆匆地回来了。提起俳句，那是芭蕉和理发师傅干的事，数学老师写什么"牵牛花藤缠吊桶"，那还得了么！)　　　　　(坊ちゃん(原文)哥儿(1)(2)(3)(訳文))

(22) 「あなたの云う事は尤もですが、僕は増給がいやになったんですから、まあ断わります。考えたって同じ事です。さようなら」と云いすてて門を出た。頭の上には天の川が一筋かかっている。("你说的有道理。但是我不愿意加薪，好吧，我谢绝。再考虑还是这句话。再见。"

我说完走出大门。头顶上的天空横架着一道银河。／"您说的固然蛮有理，可是，俺不喜欢给俺长工资，所以不接受这个建议。就是再考虑也还是这样，再见！"说了这句之后，便再也不想听他说，离开了他的家门。仰头一看，一条亮晶晶的银河横贯在当空。／"你说的很有道理，可我对加薪已经不感兴趣了。喏，我表示拒绝，即使让我再想想也是一个样。再见！"我留下这么句话就出了门。抬头一看，天空中横着一条银河。） （坊ちゃん（原文）哥儿（1）（2）（3）（訳文））

(23)「山袴。ああ厭だ、厭だ、お座敷でね、では明日またスキイ場でってことに、もう直ぐなるのね。今年は辷るの止そうかしら。さようなら。さあ、きみちゃん行こうよ。今夜は雪だわ。雪の降る前は冷えるんですよ。」("是穿雪裤。啊，真讨厌，真讨厌！在宴席上才见面，他们就说：那么明年在滑雪场上见吧。今年不滑算了，再见。喂，小君，走吧！今晚要下雪哩。下雪前的头晚特别冷。"／"穿着劳动裙裤。在赴堂会时老是说，不干啦，不干啦，可是一有人说明天去滑冰场吧，就立刻又去了。今年想不打算去滑冰了。再见吧。唉，君儿，我们走。今天晚上要下雪。落雪之前的晚上会冷的。"／"穿雪裤。啊，真讨厌，烦死了。又快到这个季节了，每到这个时候，饭局一完，就说什么明儿个滑雪场上见，今年真不想滑了。回见了。来，小君，咱们走吧。今儿晚上要下雪。下雪前，晚上特别冷。"）（雪国（原文）雪国（1）（2）（3）（訳文））

(19)(20)の手紙のような書きことばだけでなく、むしろ、話し言葉の場合にもよく使われている別れの挨拶としての「さようなら」と中国語の"再见"との関係は、(21)(22)からもわかる。(23)には、話し言葉的な言い方の"回见了"が見られた。中国語の場合、話し言葉では、"再见"、"回见"のどちらも言える。

(24) "回见！"那两个年轻的一齐说。（「じゃ、またな」二人の声もうわの空で聞きながした。） （骆驼祥子（原文）骆驼祥子（訳文））
(25) 高个子笑了："得，我再奔一趟！按说可没有这么办的！得了，回头好多带回几个饼子去！回头见了，哥儿们！"（のっぽはにっこりした。「お

いきた、もうひとつ走りしてくるか。ほんとにすまねえなあ。これで、帰りにゃ餓鬼どもに餅のひとつもよけいにもってってやれるってもんだ。じゃあ、またな」）　　　　（骆驼祥子（原文）駱駝祥子（訳文））

(26)　朱铁汉的心仍然被所见所闻新气象的喜悦激动着，好象根本没有听见刘祥说了一些什么，既没等人家把话说完，也没有招呼一声回头见，就又迈开了"噌噌"的步子，一溜烟似的朝高大泉的家里奔去。（朱鉄漢は、この朝見聞きしたすばらしいあれこれに胸が一杯で、劉祥がなにをいっても上の空らしく、話し終わるのを待たず、さよならのあいさつもしないまま、ザッザッザッと再び例の土ぼこりをあげながら高大泉の家の方へむかっていった。）　　（金光大道（原文）輝ける道（訳文））

(24)(25)(26)は中国語における別れの挨拶として使われているくだけた言い方の"回见"、"回头见"の使用例である。それに対応する日本語の言い方としては、「さようなら」の縮約形である「さよなら」や「じゃ、また」のような言い方となっている。

(27)　女の子たち二人がじゃあねと言って自分たちのテーブルに戻ってしまうと、僕と緑は店を出て二人で町を散歩した。（两人道声"回头见"返回自己座位后，我和绿子走出店，在街上相伴散步。）

　　　　　　　　　　　　　　（ノルウェイの森（原文）挪威的森林（訳文））

(27)にある日本語のくだけた言い方の「じゃあね」と中国語の"回头见"との対応からも上記の議論に論拠を加えたと考えられる。

(28)　寄せ返す波のしぐさの優しさにいつ言われてもいいさようなら（水波荡漾，多么温柔，你随时可以对我说："再见，分手。"）

　　　　　　　　　　　　　　（サラダ記念日（原文）沙拉紀念日（訳文））

(28)は「さようなら」の拡張的意味合いで「別れよう」のような恋人同士の別れ話としての用い方だと言える。ふつうの「また会いましょう」のよう

な意味合いが消えてしまうぐらいの別れの挨拶であると考えてよい。中国語のほうはそこまで意味拡張がされていないから、それに対応する訳は「別れよう」という意味の"分手"を"再见"の後ろに付け加えたのも読者の誤解がないように意図的になされたと考えられる。中国語の"再见"は日本語よりその元の単純たるいわゆる「再び会おう」の意味で使われていると言える。下記の用例もそのことをいずれも裏付けられている。

(29) "好的，一定送来。<u>再见</u>！"卢嘉川的两只手热烈地握着白莉苹和道静的手。多么奇怪，道静竟有点不愿和他们分别了。(「いいとも。きっととどけるよ。<u>さようなら</u>」芦嘉川の両手が、熱烈に白莉苹と道静の手を握った。どうしたことか、そのとき、道静はなんとなく、かれらと離れたくない気がした。) 　　　　（青春之歌（原文）青春の歌（訳文））

(30) "对，<u>再见</u>。可是有功夫一定去找我呀！"(「ええ、<u>さようなら</u>、でも、ひまがあったら、きっと、訪ねて来てくださいね」)
　　　　　　　　　　　　　　　　　　　　　　（青春之歌（原文）青春の歌（訳文））

(31) 我把手伸给她："<u>再见吧</u>！希望你保重。"（おれは手を差し出して、「<u>さよなら</u>！お元気で」と言った。）
　　　　　　　　　　　　　　　　　　（人啊，人（原文）ああ、人間よ（訳文））

(32) "老赵，希望你小心！平安！<u>再见吧</u>！"她的声音有点儿颤抖。(「趙さん、気をつけてね！無事でね！<u>さようなら</u>！」かの女の声は、いくらかふるえていた。) 　　　　　　　　　　　　　　　（青春之歌（原文）青春の歌（訳文））

以上、挨拶に関する考察からかわるように、日本語は慣習的用法（ステレオタイプ的用法）に偏った傾向と言えるが、中国語は固定的用法ではなく、多様性が見られる。日本語より臨機応変に対応する要素がより豊かだと言える。配慮表現の立場から、日本語のほうが慣習性が強いと結論付けられる。もちろん、日本語の場合、「おはよう」「おはようございます」のような対人関係や公的であるかプライベート的であるかによる場の文体的スタイルの差が見られ、そのようなきめ細かい使い分けが中国語より客観性が高い。挨拶における配慮表現に関しては、日本語は、慣習性と慣習的表現における客観

性の両立が見られている。中国語は、慣習性が弱く、個性的表現がよりバラエティに富む非慣習的表現の客観性が見られている。

4.4 《依頼》における配慮表現

　山岡・李（2004）の「依頼表現の日中対照研究」では、《依頼》の発話行為とその言語形式の関係について日中対照の語用論的立場から論じた。相対的マクロ視点における結論として、以下のような要旨（の一部分）がまとめられている。

> 依頼表現を構文特徴から類別すると、日本語・中国語ともに、①遂行文＝系、②疑問文＝系、③願望文＝系、④命令文＝系、⑤条件文＝系の5つの系に分類される。そして、《依頼》という発話機能によって相手にかかる負担（積極的・消極的両面で）を緩和するためになされる配慮もまた、各系の表現形式の中にそれぞれ何らかの形で表現されることが見て取れる。この件について、個別言語の構造を超えた普遍性が観察できる。
> 　　　　　　　　　　　　　　　　　　　　　　　　（山岡・李 2004: 131）

本節では、よりミクロ視点から《依頼》、たとえば、中国語の"等（待つ）"という行為を相手に求める時、どのような表現が使われているか、そのなかに話し手の配慮が見られるマーカーを、認知意味構造を中心に論じてみる。
　中国語には、動詞として「待つ」意味の"等（děng）"がある。

(33) "请你稍等一下。"陆文婷向病人打了招呼，跑过去拿起听筒。（「ちょっとお待ちください」陸文婷は患者に一礼して駆けつけると電話器を手に取った。／「ちょっとお待ちになって下さいね」陸文婷は患者に断わって、小走りに電話口へ急ぎ、受話器を取り上げた。）
　　　（人到中年（原文）北京の女医（訳文1）人、中年に到るや（訳文2））

(33)にある"请你稍等一下。"は、お医者さんである陸文婷から患者への発話

である。中国語の文脈に応じて、日本語の表現は2つある。「ちょっとお待ちください」と、「ちょっとお待ちになって下さいね」である。
(33)の"请你稍等一下。"は次のような形態素的意味構造となっている。

(33a) 敬辞＋2人称代名詞＋副詞＋Ｖ＋副詞的成分（中国語では"補語"と呼ばれる成分）
（请〈敬辞〉＋你〈2人称代名詞〉＋稍〈副詞〉＋等〈Ｖ〉＋一下〈"補語"〉）

(33a)からわかるように、意味的完結性によって分析してみると5つの部分（形態素）からなっている。それに対応する日本語のほうは話し手と聞き手の関係要素などを考慮して、ふつう次のような言い方を取るであろう。

「ちょっとお待ちください」
「ちょっとお待ちになって下さいね」

中国語と同じく、形態素的意味構造を分析してみると、以下のようになる。

(33b) 副詞＋接頭辞お＋Ｖます＋ください
(33c) 副詞＋接頭辞お＋Ｖます＋になってください＋終助詞

中国語と比べて、日本語のほうは構文的特徴が強く、語彙形態素的意味構造より、「おＶください」「おＶになってください」のような構文的意味構造となっている。
　中国語では、相手に待ってもらう場合、幾パターンの言い方がある。

(34)　高二林忽然来了机灵劲儿，冲着钱彩凤的后背大声说："等等，我带着手电，送你一节儿吧。"钱彩凤推辞说："不麻烦你了。"（高二林はハッと気がついて銭彩鳳の後から叫んだ。「ちょっと待って、懐中電灯でそこまで送るから」銭彩鳳は遠慮した。「迷惑でしょう？」）

(金光大道(原文)輝ける道(訳文))

上記(34)の例にある"等等(děng děng)"は動詞"等(děng)"の畳語的用法である。日本語の「ちょっと待って」のような意味である。(34)の話し手の高二林は聞き手の女性銭彩鳳の好きな男性である。"等等(děng děng)"は次の(35)にある"動詞＋副詞的成分"の"等一下"とは同じような語用論的意味である。

(35) "<u>等一下</u>！你呵气，呵气，先别咳出来！"(「<u>ちょっと待って</u>！息を吐いて、息を吐いて、咳をこらえて！」／「待って下さい。ハッ、ハッと息を吐いて、咳をしないように」)
　　　　(人到中年(原文)北京の女医(訳文1) 人、中年に到るや(訳文2))

(35)は医者より手術を受けている患者さんへの発話である。その中に使われている"動詞＋副詞的成分"の"等一下"は動詞"等(待つ)"＋"一下(動作の一回性や小数量の意味を表す)"からなっている。日本語の「ちょっと待って」に近い表現である。

(36) "问题的根儿不在买骡子，这里边包含着好多重要的事儿，得好好捉摸捉摸。<u>你等一下</u>，我叫铁汉去，咱们找个地方聊聊，沟通沟通思想吧。"(「問題の根っこは、ラバを買う買わねえじゃねえんだ。こいつは重要な問題をいっぱいかかえてっから、とっくり考えようよ。<u>ちょっと待っててくれ</u>、おれ、鉄漢よんでくっから。どっか場所かえで、話しあって意志疎通しなけりゃ」)　　(金光大道(原文)輝ける道(訳文))

(36)の"你等一下"は中国語の2人称代名詞"你"＋動詞"等"＋補語成分"一下"からなっている。日本語のほうも男同士の会話として「ちょっと待っててくれ」と表現される。

(37)　刘祥摇摇头，说："我不坐，跟你说一声，得赶快回去。明天换种子的

事儿，你跟秦恺他们去吧，我去不成了。你婶子还不见好，我离不开家。……就这样吧，我走啦。"高大泉跳下炕，追出屋："您等一下。"刘祥停在院子里。不知为什么，他看着这追过来的身影，心头一阵发热。"(劉祥は頭を振って、「いやそうしてもいられねえ、すぐに帰んねえと。あしたの種子もみ交換には、秦愷たちと行ってくれ、おれは行けなくなった。家内がまたよくなくて、家あけられねえんだ……じゃ、そういうことで、また」高大泉は炕（オンドル）からとびおりて部屋を出た。「ちょっと待ちなさいよ」劉祥は庭に立ちどまった。自分を追ってくる男の影になぜか胸が熱くなった。)

（金光大道（原文）輝ける道（訳文））

(37)にある"您等一下"は、2人称代名詞の尊敬語"您"＋"等一下"との組み合わせである。男同士の会話であるが、聞き手は話し手より年上の方であるため、2人称代名詞の尊敬語"您"が加えられている。

(38) "马车快要驶出谷口的时候，这位车把式忽然朝马吆喝了一声，让马车停了下来。他先跳下车，那个年轻姑娘也跟着跳下去了，车把式回头朝我招呼了一声说：'对不起，请你等一下，我们去去就来。"（「馬車がそろそろ谷を出るという頃、この御者は急に馬に声をかけて馬車をとめ、自分が先に跳び降りる上、娘さんもつづいて降りたわ。御者はふり向いて私にこう言うの、『失礼、ちょっと待っててください、我々はちょっと行ってすぐ戻ります』」)

（天云山传奇（原文）天雲山伝奇（訳文））

(38)の"请你等一下"は(36)の"你等一下"と比べ、文頭のほうにはいわゆる敬辞の"请"が多く使われている。(36)の"你等一下"よりある程度丁寧な表現だと言える。さらに、その前に、謝罪の"对不起"が前置き表現として用いられ、よりポライトな表現となっている。ここでの待たせる行為の依頼者と被依頼者との関係は文脈によると初対面なので、より配慮的な表現を使っていると考えられる。

以上は、中国語の"等（待つ）"の《依頼》について具体的使用例を考察した。語の組み合わせの長さから、次のような表現パターンが並べられる。

1. 等等
2. 等一下、等一等
3. 你等一下、您等一下
4. 请等一下、请等一等
5. 请你等一下、请您等一等
6. 对不起，请等一下
7. 对不起，请你（您）等一下
……

二人称代名詞を使う時、尊敬語の"您"はふつうの"你"より丁寧になっている。そのかわり、ときには、疎遠的意味合いが入っている。文頭に使われているいわゆる敬辞の"请"は、使わない方より丁寧であるが、依頼者と被依頼者の人間関係が親しい場合、むしろ使わない方が好まれる。依頼内容の重要さ・難しさによって、謝罪表現たとえば"对不起（すみません）"などの併用や、相手にその依頼内容の実施に関する可能性（の有無）を尋ねる表現として、第1章1.4.2で言及した"能～吗？"、"能不能～？"や、"可以～吗？"、"可不可以～？"などの慣習化した依頼表現の追加などが考えられる。上記表現スタイル1～7についても一定程度以上に慣習化した配慮表現としての依頼表現と言える。

　つまり、《依頼》のような発話機能において、中国語にはさまざまな表現スタイルが見られる。相手に待たせる時、"稍等一下"、"请稍等"など動詞"等（待つ）"以外に、副詞の"稍（ちょっと）"、"一下（動詞の補語、動作の一回性や小数量の意味を表す）"、"请（頼む、～てもらう、お～ください）"などのような言語形式との組み合わせで、話し手の相手に「待つ」という行為を求める時の慣習化した配慮表現としての依頼表現となっていると考えられる。

4.5 《忠告》におけるヘッジ表現

　《忠告》は《依頼》とは違い、相手にある行為をやめてもらうために行われる発話行為である。《忠告》を受ける側にとって、ネガティブフェイスが脅かされるリスクの高い言語行為となる。《忠告》する側に関しては、ふつう、年齢的にも社会地位的にもより優勢であることが語用論的条件として要求される。

(39)　妹妹与妹夫"和了"以来，张知恩、李连甲来过以后，静珍为自己做吃的的积极性大增，投入的力量大增。这不仅引起了静宜的不满，抗议了几次也口角了几次，而且姜赵氏也提出了自己的非议和忠告：<u>大姑娘，你别忒（太）倚能（逞能）喽，成天价个人单做，算个吗呀，咱们可得和和美美过日子啊！</u>(妹夫婦の和解と小作頭二人の来訪以来、静珍の拵えて食べる熱中度も力の投入度も急増した。それは静宜の不満を引き起こし、抗議口論を幾度か闘わせることとなり、老母もそれなりにたしなめ忠告した。「<u>嬢や、ちっとは手びかえよし。日がな一日自分の分だけこさえて食べて、何やの。みんな仲よう睦まじゅう暮らさんといけんに</u>」)　　　　　　　　(活動変人形（原文）応報（訳文）)

(39)は、母より娘への《忠告》である。親子なので、はっきりと禁止表現"別～（するな）"と義務表現の"得～（べきだ）"が使われている。家族同士にふさわしい遠慮無用の発話となっていて、人間関係を考えると、むしろこのような言い方も、疎遠的丁寧な言い方をとらず、親しい間柄だからこそ使える一種のポジティブポライトネス的配慮のバリエーションでもあろう。

(40)　况且还要饲阿随，饲油鸡，……都是非她不可的工作。我曾经忠告她：<u>我不吃，倒也罢了；却万不可这样地操劳</u>。她只看了我一眼，不开口，神色却似乎有点凄然；我也只好不开口。然而她还是这样地操劳。(さらにその上に、阿随を飼い、チャボを飼わねばならない……どれも彼女でなければやれぬ仕事であった。<u>僕の食事なんか、どうでもいいん</u>

だ、そんなにあくせく働いてはいけない、と僕は忠告したことがあった。すると彼女は僕のほうをチラッと見たきりで、何も言わなかった。が、その表情は寂しそうだった。僕も口をつぐむほかなかった。だが彼女はやっぱりあくせく働いた。）　　（彷徨（原文）彷徨（訳文））

(40)の《忠告》の発話の話し手と聞き手との人間関係は若い夫婦である。忠告者の夫より妻への忠告表現には、直接禁止の構文"万不可（～てはいけない)" が使われている。《忠告》にもいろいろあり、こちらは愛をこめた《忠告》であり、話し手の夫である人物より聞き手の《忠告》される側の妻である人物への配慮表現だと理解できる。

(41)　"但是，你比我勇敢，比我大胆。"晓燕赶快用手绢擦眼镜后面的泪水，笑着说，"对家庭、对生活你全够大胆的，我赞成你，同情你。可是，就是对老余，我有点不放心。你真正了解他吗？贸然就跟了他去，有什么保障？对他这人你真正相信得过？"晓燕自觉对道静应当尽大姐姐的忠告，她迟疑一下，终于这样说了。（でも、あなたは、わたしより勇敢で、わたしより大胆だわ」晓燕は、ハンカチをとりだすと、急いで涙でくもった眼鏡を拭き、笑っていった。「家庭や、生活に対して、あなたは、とても大胆だわ。わたしはいつもあなたに賛成し、同情してきたわ、でも余さんに対して、なんだか安心できないの。あなた、ほんとに、かれを理解しているの？軽卒に、かれについていって、大丈夫かしら？余永沢という人間について、ほんとうに信頼できると思っているの？」晓燕は道静に対して、姉としての忠告の必要を感じ、ためらいながらも、とうとう思っていることをきりだした）
　　　　　　　　　　　　　　　（青春之歌（原文）青春の歌（訳文））

(41)の《忠告》の発話は、5つのセンテンスからなる1つのまとまったミニコンテキストだと言える。センテンスごとに考察すると、それぞれ褒め・評価＋賛同・表出＋疑問（3つの疑問表現）となっている。忠告者と被忠告者とは、姉妹のような親しい間柄の女性同士であり、忠告者は姉のような年上の

女性である。褒め・賛同はポジティブポライトネスの配慮表現であり、疑問文の使用は相手のネガティブフェイスへの配慮であろう。

4.6　おわりに

　以上の考察を通して、《挨拶》や《依頼》や《忠告》のような発話機能において、中国語にはさまざまな表現スタイルが見つかった。

　《挨拶》自体はフェイス配慮におけるポジティブポライトネスの発話機能を果たしていて、その表現全体が配慮表現の塊となっている。それに対して、《依頼》や《忠告》のほうはフェイス侵害の恐れがある発話行為だから、ネガティブポライトネス的配慮のマーカーがほしくなる[5]。人間関係や《依頼》・《忠告》のことがらの性質によって配慮表現の階層的選択が行われることになるであろう。

　《依頼》に関しては、たとえば相手に待たせる時、"稍等一下"、"请稍等"など動詞 "等（待つ）" 以外に、副詞の "稍（ちょっと）"、"一下（動詞の補語、動作の一回性や小数量の意味を表す）"、"请（頼む、〜てもらう、お〜ください）" などのような言語形式との組み合わせで、話し手の相手に「待つ」という行為を求める時の慣習化した配慮表現としての依頼表現を用いていると言える。また、中国語の "能不能〜？" も相手の能力を問う原義から派生して依頼表現として慣習化し、"可能"、"或许" のような副詞も日本語の「かもしれない」に相当するような断定をぼかすヘッジの機能が慣習化した表現に当たる。

　《依頼》は相手に負担をかけるので、最初からポライト的要求表現が要求されることになる。人間関係の親疎の度合いや依頼内容の負担の大きさによって、邪魔されたくないというネガティブフェイスへの配慮に関するより客観性の強い表現になっていく。

　《忠告》に関しては、相手にとって利益になると忠告者は思っても、ある行為を止めてもらうことになるから、しかも被忠告者自身は、その忠告者が考えている利益が認められるかどうか定かでないし、《依頼》と同じように、邪魔されたくないというネガティブフェイスへの配慮に関するより客観性の

強い表現ともなる。

　また、忠告者と被忠告者との人間関係や阻止しようと忠告者が考えている事柄の難しさ・複雑さなどによって、比較的主観性であるか、それとも客観性の強いネガティブポライトネスの配慮表現になるかが違ってくる。

　さらに、《忠告》の場合、好かれたいというポジティブポライトネスの配慮表現が使われている用例が見つかり、相手のことをまず褒めてから止めてもらうようなネガティブポライトネスの配慮表現たとえば、疑問表現のような言語形式が用いられ、《忠告》の発話行為を実施している。ポジティブポライトネスの配慮表現＋ネガティブポライトネスの配慮表現の双方使用は、中国語の《忠告》の発話におけるハイレベルのストラテジーの具現化だと言える。

注

1　下線は筆者による。以下同様。
2　カッコ内の日本語訳は筆者による。及び下記 CCL コーパス用例の日本語訳も筆者による。
3　表1の調査結果はコーパス次第の恐れもあるが、それでも同じコーパスのデータである程度の説得力を持つと言える。もちろん、どのような調査データにも同じような限界性が存在していることは考えられる。
4　ここで使われている「客観性」「主観性」のような用語は認知文法論的用語であり、Langacker (2008) や小野・李 (2016) を参照されたい。
5.　ただ、(41) のような《忠告》の発話において、フルポライトネス的手法すなわちポジティブポライトネスの配慮表現とネガティブポライトネスの配慮表現とが併用される用例も、コンテキストの広がりに従って、多構文の織り成す豊かな文脈に見られる可能性が大きくなるであろう。

参考文献

小野正樹・李奇楠編 (2016)『言語の主観性』くろしお出版
金谷治訳注 (1999)『論語』岩波書店
山岡政紀編 (2019)『日本語配慮表現の原理と諸相』くろしお出版
山岡政紀・李奇楠 (2004)「依頼表現の日中対照研究」『日本語言文化研究』5. pp.131-

160. 学苑出版社

山岡政紀・李奇楠（2007）「謝罪表現の日中対照研究」趙華敏・楊華・彭広陸・村木新次郎編『村木新次郎教授還暦記念論集　日本語と中国語と―その体系と運用』pp.224-236. 学苑出版社

山岡政紀・李奇楠（2015）「配慮表現の日中対照と日本語教育」趙華敏編『異文化理解と日本語教育』pp.216-231. 高等教育出版社

李奇楠（2019）「慣習的配慮表現の日中対照」『日本語配慮表現の原理と諸相』pp.197-212. くろしお出版.

陳松岑（1989）『礼貌語言』商務印書館

劉宏麗（2001）『現代漢語敬謙辞』北京語言文化大学出版社

Brown, P. and S. Levinson（1987）*Politeness: Some universals in language usage.* Cambridge: Cambridge University Press.（ブラウン、レヴィンソン　田中典子監訳（2011）『ポライトネス　言語使用における、ある普遍現象』研究社）

Langacker, R. W.（2008）*Cognitive Grammar: A Basic Introductions.* Oxford: Oxford University Press.（ラネカー　山梨正明監訳（2011）『認知文法論序説』研究社）

Leech, G.（1983）*Principles of Pragmatics.* London: Longman（リーチ　池上嘉彦・河上誓作訳（1987）『語用論』紀伊國屋書店）

用例出典

CCL コーパス（北京大学中国言語学研究センター Center for Chinese Linguistics PKU）

日中対訳コーパス（北京日本学研究セーター）

第 5 章　韓国語の配慮表現

金玉任

5.1　はじめに

　現代日本語には、人に何かを頼む時、(1)のように、相手との対人関係をなるべく良好に維持することに配慮して用いられる慣習的な表現が数多く存在する。ここでは、「相手との対人関係を良好に保つことに配慮して用いられることが、一定程度以上に慣習化された言語表現」(山岡 2015: 318) を、配慮表現と呼ぶ。

（1）　<u>厚かましいお願いなんだけど</u>、キャラ弁の作り方、<u>教えてもらえないかと思って</u>。　　　　　　　　　　　（アニメ『あたしンち』）

　人に何かを頼む場面では、韓国語でも間接的な表現を使用したり、直接的な表現の語調の強さを前置き表現や副詞の使用により緩和することなど、配慮表現の使用が予想される。また、このような慣習化した配慮表現は言語的、文化的背景が変われば、当然異なり、異文化摩擦の原因ともなりうる。本章では、日韓の配慮表現の使用にはどのような違いがあるのか、韓国語の《依頼》や、《忠告》におけるヘッジ、出会いにおける《挨拶》などの表現に比較的よく用いられる配慮表現を中心にとりあげて、考えてみたい。

5.2 配慮表現とポライトネス

配慮表現の機能に対しては、ポライトネス理論を用いて体系的に説明をあたえるモデルがいくつか提案されている。そのうち、B&L (1987) のポライトネス理論では、Goffman (1967) のフェイス (face) の概念を援用してポライトネスを説明している。フェイスには、「相手によく思われたい」「親しいものとして扱われたい」という欲求であるポジティブフェイス (positive face) と、「他人に邪魔されたくない」という欲求であるネガティブフェイス (negative face) とがあり、これらのフェイスを脅かす行動をフェイス侵害行為 (face-threatening act：以下、FTA) と呼んでいる。FTA を行う際に補償行為として伴うのがポライトネスである。このうち、ポジティブフェイスに配慮した補償行為がポジティブポライトネス (以下、PP)、ネガティブフェイスに配慮した補償行為がネガティブポライトネス (以下、NP) である (生田 1997: 67)。

人と人とのコミュニケーションにおいては、相手のフェイスを脅かす危険性がたくさんある。例えば、依頼することは、相手がそれに応じる場合、時間や手間をかけることになるのだから、相手の領域に踏み込むことになる。したがって、相手のネガティブフェイスを脅かす。やむなく相手のネガティブフェイスを脅かす FTA を行わざるを得ないときに、それを少しでも軽減する補償行為として相手への気遣いを表現したりするのが、ネガティブポライトネス (NP) である (山岡他 2018: 131)。

このように《依頼》は、代表的な FTA である。日本語の《依頼》表現については、待遇表現やポライトネスなど色々な方面からの研究があり、配慮表現に相当する言語現象が多く指摘されてきた。韓国語との関連では、生越 (1995)、河村 (1999)、槌田 (2003) などが日韓対照をしている。

5.3 《依頼》における配慮表現

ここでは、《依頼》を、「話し手自身が利益を受けるために、強制力を伴わずに聞き手の行為を求める行為」(中道・土井 1995: 85) と定義する。つまり、

第 5 章　韓国語の配慮表現

《依頼》では、自分の希望を通すことも重要だが、相手に負担感や不快感を与えないようにすることも必要である。そのためのストラテジーとしては、どのようなものがあるだろうか。牧原 (2012: 4) には、誰かに押印を頼むという場面での発話として、次のような例が挙げられている。

（2）「A <u>申し訳ありませんが</u>、こちらに押印を B <u>お願いできますでしょうか</u>」
（3）「あの……C <u>お急ぎのところすみません</u>、D <u>ちょっと</u>こちらにも押印が必要なので、ここにも E <u>押印していただけるとありがたいんです</u> F <u>が</u>」
（4）「おそれいりますが、印鑑、お持ちですか？」

　続けて、配慮表現に関わる主要な成分を、①授受表現（E）、②文末表現（B, F）、③副詞的表現（D）、④利害誇張表現（C）、⑤前置き表現（A）、⑥間接的表現（4）の 6 つに分類し、これまで、配慮表現に関わる研究がその対象としてきたのは、②のような文末のモダリティに関わる成分や③の副詞、あるいは副詞的に使用される成分、そして⑥の間接的な表現が中心であったとしている。ここでは、牧原（2012: 4）の分類のうち、①授受表現、②文末表現、③副詞的表現、⑤前置き表現を中心に比較検討する。

5.3.1　授受表現

　韓国語は日本語と類似点が多い言語である。韓国語も SOV 型、後置詞を使用、補助動詞を本動詞の後ろに置く、修飾語が被修飾語に先行する、敬語体系が発達、用言の活用等、共通点が多い。
　具体的には例えば、依頼表現の中でも代表的な、(5) の「教えてください」のような直接的な《依頼》表現は、韓国語の「가르쳐 주세요」で言い換えられる。「てください」に相当する韓国語「아/어 주세요」は、動詞の連用形「아/어」に「주다（くれる）」の語幹「주」と丁寧な命令形「세요」がついたものである。(6) からも同様なことが言える。

（5）　お願いします。この天日干しを続けている農家を教えてください。
(アニメ『将太の寿司』)

　一般的に韓国語では、依頼の場合は授受動詞「주다（くれる）」を含んだ表現「아/어 주세요（てください）」を使い、指示や勧めといった話者の利益と無関係な場面では授受表現を含まない丁寧な命令形「세요（お～なさいませ）」を使うという説明（河村 1999: 49）がなされている。つまり、授受表現「주다」は《依頼》専用の形式であり、その点で日本語と異なっている。

（6）　이것　　좀　　　　보여　　　　　주세요．　　　（生越 1995）
　　　これ　ちょっと　「見せる」の連用形＋「くれる」の丁寧な命令形
　　　ちょっとこれ見せてください。　　　　　　　　　（生越 1995）

　現代日本語の会話文では、「てください」を使った直接的な依頼表現より、「てもらえるか」のような可能疑問とか、（7）の「てもらえないか」のような可能否定疑問を用いた間接的な《依頼》表現が慣習的に多用されている。《依頼》において、相手の意向をうかがう疑問文の形式を用いることは、言語を超えて、普遍的に見られる現象である（山岡他 2010: 5）。このような普遍的な言語現象は韓国語にも見られるのだろうか。

（7）　店員：こちら、オレンジジュースになります。
　　　みかん：すみません。これ、氷抜いてもらえませんか。
(アニメ『あたしンち』)

　韓国語のグーグルの例を見ると、《依頼》したり、《要請》したりする場面では、「해주실 수 있겠습니까？（していただけますか）」のような可能疑問（78件）と、「해주실 수 없겠습니까？（していただけませんか）」のような可能否定疑問（62件）が多く、《依頼》において相手の意向をうかがう疑問文の形式を用いることは、韓国語にも見られる普遍的な言語現象であるということがわかる。

しかしながら、「てもらう」とか、「ていただく」のような間接的な依頼表現は、他の言語にあまり例を見ない表現であり、韓国語にも見当たらないタイプである。「てもらう」の謙譲語である「ていただく」は、最も丁寧で使用率の高い《依頼》表現である。その韓国語訳を見ると、反対に、(8)の「와주실 수 없겠습니까?(来ていただけませんか)」のように尊敬の補助語幹「시」が添加されていることがわかる。たとえば、(8)の「와주실 수 없겠습니까?(来ていただけませんか)」は「와주다(来てくれる)」の語幹「와주」に尊敬の補助語幹「시」、可能を表す「수」、否定の意を表す「없」、未来を表す「겠」、丁寧な叙述「습니다(です・ます)」の疑問形「습니까」がついたものである。(9)も同様な例である。韓国語訳には「です」「ます」の区別はない。公式的な場では「합쇼体(습니다)」が、非公式的な場では「해요体」が使用される。

（8） 가지러　와주　　　　　　실　수　없겠습니까？（『予約席』）
　　　取りに「来てくれる」の連用形＋尊敬＋可能＋否定疑問
　　　ご家族の方でしたら、取りに来ていただけませんか。　　（『予約席』）
（9） 시간을　내주　　　　　　실　수　없겠습니까？（筆者訳）
　　　時間を「作ってくれる」の連用形＋尊敬＋可能＋否定疑問
　　　お時間、作っていただけませんか。　　　　　（ドラマ『監査法人』）

なお、(8)の「와주실 수 없겠습니까?」や、(9)の「내주실 수 없겠습니까?」のような可能否定疑問の《依頼》は両方とも、(5)の「教えてください」に当たる「가르쳐 주세요」と比べ、間接性が大きくなり、その結果、より丁寧さが高くなるので、《依頼》が相手に与える心理的な負担のFTAを緩和するための配慮表現と考えられる。

5.3.2　前置き

実際、日本語では《依頼》表現の多くの場合、前置きなしにいきなり《依頼》内容を述べるのではなく、「申し訳ありませんが」や「すみませんが」といった詫びの「前置き」が置かれるのが普通である。同様に、韓国語でも

(10)の「미안하지만(すみませんが)」とか、(11)の「죄송하지만(申し訳ありませんが)」などの前置き表現とセットで用いられることも少なくない。

　牧原(2012: 4)でも前置き表現は、先例(2)の「申し訳ありませんが」のように発話の前に置いて配慮を表し、「すみませんが」や「申し訳ありませんが」のような謝罪表現を用いることで、他者の負担が大きいと認識していることを述べるとしている。韓国語の「미안하지만(すみませんが)」とか、(11)の「죄송하지만(申し訳ありませんが)」も、《依頼》の際に相手にかかる負担感を抑制するためのネガティブポライトネスストラテジー(以下、NPS)として用いられていると思われる。

(10)　<u>미안하지만</u> 집 좀 봐주세요.　　　　　　　　　（生越1995）
　　　<u>すみませんが</u>、留守をちょっと頼みます。　　（生越1995）
(11)　<u>죄송하지만</u> 전화 좀 빌릴 수 없을까요?　　　　（筆者訳）
　　　<u>申し訳ありませんが</u>、電話を貸していただけないでしょうか。
　　　　　　　　　　　　　　　　　　　　　　（ドラマ『極上』）

　ただし、(12)の「悪いけど」のような謝罪表現は、韓国語に直訳すると不適切な表現になってしまう。つまり、韓国語では(12)の「悪いけど」のような表現に対応するものは見当たらず、恐縮の意を述べる《謝罪》の前置き表現は日本語ほど多くないと言える。

(12)　<u>悪いけど</u>、代わりに行ってくれない。

　そのほかに、《依頼》に際して用いる前置き表現として、(13)の「あの(ー)」のような言いよどみもある。「あの」に対応する韓国語「저」も、日本語の「あの」と同様に、言いにくい心情や相手の負担に対する遠慮を表わしており、《依頼》によって生じるFTAを緩和するために用いられているように思われる。

(13)　<u>저</u> 비밀로 좀 해줄 수 없을까요?　　　　　　　　（筆者訳）

あの、秘密にしてもらえませんか。困るんです、わたし。

(ドラマ『極上』)

さて、依頼の難易や上下親疎関係による依頼の談話ストラテジーを調べた槌田(2003: 41)によると、日本人学生は「前置き」を「難・上」で使用するのに対し、韓国人留学生は「上」でしか使用していない。柳(2005)でも「親」に限定した場合、韓国語母語話者が「同」から「上」によって使用するストラテジーが増加することが指摘されている。これらのことから、韓国語の場合は、《依頼》の相手が年上か同年かという年齢の違いがストラテジー使用に影響を及ぼすということと、謝罪の前置き表現は、日本語ほど慣習化していないということが分かる。

5.3.3　副詞的表現

韓国語でもっとも頻繁に用いられる方略は、授受表現による恩恵の明示と、程度副詞「좀」との共起であると思われる。

韓国語の「좀(ちょっと)」は「조금(少し)」の縮約形で、原義は低程度を表す副詞であるが、《依頼》や《断り》などの場面においては、その原義が失われ、配慮特化の副詞として用いられることが多い。たとえば(15)の「쇼핑 좀 같이 가주지 않을래」と(16)の「간장 좀 집어주세요」の「좀」を「조금」に換えると、前者の場合は不適格になり、後者の場合は意味の異なる文になってしまう。つまり、両方とも程度の低さを表す程度副詞とは用法が異なり、日本語の「ちょっと」と同様に、言いにくい心情や相手の負担に対する遠慮を表現していると解釈できる。

日本語の「ちょっと」は、依頼や質問等の発話行為によって、聴者のネガティブフェイスを侵害するリスクがあると考えられた場合、そのFTAを軽減するために用いられる(牧原 2019: 78)。韓国語の「좀」も「ちょっと」と同様に、《依頼》が持つFTA度を軽減しようとするNPSとして用いられた表現であると考えられる。

(14)　母：ゆうちゃん、ちょっと、買い物付き合ってくれない？

ゆず彦：姉ちゃん行けばいいじゃん。
母：ゆうちゃんが行かなきゃだめなの。　　　（アニメ『あたしンち』）

ただし、(15)の「쇼핑 좀 같이 가주지 않을래？（買い物、ちょっと付き合ってくれない？）」や、(16)の「간장 좀 집어주세요（しょうゆ、ちょっと取ってください）」のように、直訳した日本語から、韓国語の「좀」は名詞の直後、つまり述語の直前に付いていることがわかる。その点で、「ちょっと」と語順上の差異があると言える。

(15)　쇼핑　　　좀　　　같이 가주　　　　지않　을래？（筆者訳）
　　　買い物　ちょっと　「付き合ってくれる」の連用形＋否定＋疑問
　　　ちょっと、買い物付き合ってくれない？　　　（アニメ『あたしンち』）
(16)　간장　　　좀　　　집어주　　　　세요．（中道・土井1995）
　　　しょうゆ　ちょっと　「取ってくれる」の連用形＋丁寧な命令形
　　　ちょっと、しょうゆを取ってください。　　　（中道・土井1995）

5.3.4　文末表現

《依頼》に用いられる文末表現としては、「でしょう」や「と思う」などの表現が挙げられる。これらは、話者の断定を避けることによって、話者と聴者の意見の食い違いを最小限に抑えようとするものである（牧原2012：4）が、《依頼》する場合は、韓国語でも(17)の「가르쳐줄 수 없을까해서」のように、「까해서（かと思って）」を用いて断定を避けて発話を緩和することがある。しかし、例えば「引き受けていただけないんでしょうか」のような《依頼》に用いられる文末表現「でしょう」は極めて日本的な表現で、この「でしょう」に対応する韓国語の配慮表現は存在しない。

(17)　캐릭터 도시락 만드는 법 좀 가르쳐줄 수 없을까해서．　　　（筆者訳）
　　　キャラ弁の作り方、教えてもらえないかと思って。　　　（＝(1)）

次に、「言いさし」や終助詞の使用によって文末の断定的な語調を柔らか

くする場合もある。《依頼》表現の文末が「言いさし」になることに関しては、柏崎(1990: 12)でも完全な依頼表現を用いずに、間接的に表現したり、聞き手に内容を察してもらうという特徴があるとしている。実例を見ると、たとえば(18)の「捺印してくださるとありがたいんですが」のように、逆接の形にして後部を省略することが多い。

　韓国語にもほぼ同様な傾向がみられる。たとえば、(18)の「해주시면 고맙겠는데요」は、「해주다(してくれる)」の語幹「해주」に尊敬の補助語幹「시」、仮定条件を表す「면」、「고맙겠다(ありがたい)」、そして逆接を表す助詞「는데(が／けど)」、丁寧さを表す「요」がついたものである。日本語と同じく、《依頼》の場面では、「고맙겠는데요」のように、「는데(が／けど)」を用いることによって文末の断定的な語調を和らげる効果があり、相手への負担を軽減しようとする NPS として働くと考えられる。

　また、(18)の「해주시면 고맙겠는데요」は仮定条件「면」を含んだ言い方でもある。山岡(2004: 27)によると、相手に対する高度な配慮が言語化されているのが、条件文系《依頼》表現である。条件文系《依頼》表現は、相手の受諾を前提にしていない、すなわち、相手に断りやすくさせる点で消極的ポライトネスを表現しており、受諾してくれた際の感謝や喜びを前もって示すという点で積極的ポライトネスを表現するとしている。韓国語でも(18)の「해주시면 고맙겠는데요」のような条件文系《依頼》表現を用いることによって、受諾してくれた際の感謝を前もって示しており、PPS としての働きをも有すると思われる。

(18)　여기도　날인　해주시면　고맙겠　는데　요.（筆者訳）
　　　ここにも　捺印　してくださると　ありがたい＋が＋丁寧
　　　ここにも押印していただけるとありがたいんですが。　　　(= (3))

　また、もう1つの相違点として、河村(1999: 58)では例えば(19)のように「てくださいね」といった日本語に、「아／어 주세요」ではなく、「어야 합니다／됩니다」が対応していることを指摘した上で、「てください」という依頼表現に、念押しの「ね」や「よ」という終助詞をつけることで、強制とま

では言えないが、依頼をより強く訴えようとしていると述べている。

(19) 아빠한테 말 안 할테니까, 액션가면 사줘야 돼.　　　（河村 1999）
父ちゃんにはナイショにしといてあげるから、アクション仮面の変身セット買ってね。
（クレヨンしんが母親に）

(20) 엄마 있잖아 내일 뭐 좀 만들어줘.　　　　　　　　（筆者訳）
みかん：お母さん、ねえねえ、明日なんか作ってよ。
母　　：面倒くさいことを。　　　　　（アニメ『あたしンち』）

確かに、「て/てくださいね」のように、「ね」という終助詞が共起しやすいが、「変身セット買って」という文より、終助詞「ね」をつけた方が、むしろ柔らかく感じられる。(20)も、終助詞「よ」をとると、「明日なんか作って」のようになり、目上やお客に対して高圧的に聞こえる。
　一方、韓国語には、「て/てください」に付く任意的な、つまり余剰的な終助詞「ね」に当たる表現は存在しない。また、(20)のような終助詞「よ」とか、(21)のように《依頼》の後ろにつく「かなあ」に相当する表現も見当たらない。

(21) 本当に済まないけど、必ず返すから、5万円貸してもらえないかなあ。

以上のことから大きな傾向として、韓国語の場合は、終助詞を付加することで、文末の言い切りを柔らかくする現象はないと言えよう。

5.4 《忠告》におけるヘッジ表現

《忠告》や《勧告》など、相手に働きかける表現行為は配慮表現が多く使われる。日本語では、《忠告》のような対人配慮が要求される場面では、(22)のような「と思う」や、(23)のような「かも（しれない）」などが、FTAを緩和するヘッジとして慣習化している。

「かも (しれない)」の原義は可能性判断だが、《主張》をぼかして意見衝突のリスクを低減したり、《忠告》等の FTA を緩和したりする際のポライトネスとして使用される (山岡編 2019: 42)。

(22)　A：理事長、次の東都銀行の監査、降りられた方が得策かと思います。
　　　B：ご忠告、ありがとう。　　　　　　　　（ドラマ『監査法人』）

　《忠告》を与える典型的な言い方として「する方がいい」と「した方がいい」があるが、これらの直接的な表現での《忠告》をなるべく避けるためにヘッジ (ぼかし言葉) が配慮表現 (緩和表現) として使用される現象は韓国語にも、見られる。

(23)　디스크라면 수술 안하는 게 좋을지도.　　　　　　（筆者訳）
　　　ディスクなら、手術しない方がいいかも。

　たとえば、(23) の「手術しない方がいいかも」の「かも (しれない)」に相当する韓国語表現として、「수술 안하는 게 좋을지도」の「지도 모른다 (かもしれない)」がある。「지도 모른다 (かもしれない)」の原義も可能性判断だが、(23) のような《忠告》の文脈では、日本語「かもしれない」と同じく FTA を緩和するヘッジとして用いられていると思われる。

(24)　치카도 역시 여기 있는 게 좋을 것 같아.　　　　　（筆者訳）
　　　チカにとっても、やっぱりここのほうがいいと思うの。
　　　　　　　　　　　　　　　　　　　　　　　（ドラマ『監査法人』）
(25)　東都은행의 감사 포기하시는 게 상책일 것 같습니다.　（筆者訳）
　　　東都銀行の監査、降りられた方が得策かと思います。
　　　　　　　　　　　　　　　　　　　　　　　（ドラマ『監査法人』）

　断定をぼかすヘッジ機能が慣習化した表現として、「것 같다 (と思う)」もある。「지도 모른다 (かもしれない)」と同様に、(24) の「여기 있는 게

好＜ウル Ắ 같아」とか、(25)の「포기하시는 게 상책일 것 같습니다」のような《忠告》の場面で使用されると、断定などを避けて発話内容を和らげるヘッジとして働くことがある。また、「지 않을까（じゃないか）」などを加えて、婉曲に《忠告》する場合もある。

一方、次の(26)のような《助言》もあり、一見、冷静な中立的な発話のように見えるが、「したら？」には失礼なニュアンスがあるとの指摘が先行研究によっても示されており、対人配慮の機能は読み取れない。これについては、今後の課題としたい。

(26) みかん：今時ただ走って痩せようなんて古い古い。（中略）お母さん、もっと勉強したほうがいいよ。スポーツクラブにでも行ったら？
    母　　：バカバカしい。なんでわざわざお金払って、疲れに行かなきゃならないの？　　　　　　　　　　（アニメ『あたしンち』）

5.5　出会いにおける《挨拶》

初対面の人同士で交わす挨拶表現として、(27)の「どうも、はじめまして」がある。同様に韓国語では「처음 뵙겠습니다（初めてお目にかかります）」が使用される。

(27) A：どうも、はじめまして。西村和樹と申します。本日は突然お邪魔して申し訳ありません。
    B：そんな硬い挨拶はいいから、くつろいで下さい。
    　　　　　　　　　　　　　　　　　　　（ユーチューブ：理想のすき焼き）

「처음 뵙겠습니다（初めてお目にかかります）」は改まった硬い表現であるため、韓国語では柔らかい表現として、(28)のような「만나서 반가워요（お会いできてうれしいです）」などが用いられることもある。「반가워요（うれしいです）」は、「他者に好かれたい」というポジティブフェイスの現れであると考えられる。

(28)　만나서 반가워요.　　　　　　　　　　　　　　　　（筆者訳）
　　　お会いできてうれしいです。

一方、久しぶりに知り合いの人に出会ったときには、日本語の「どうも、ひさしぶり」とか「お元気そうで何より（最良）です」などが用いられる。これらに相当する韓国語は、それぞれ「오랜만이에요（お久しぶりです）」と(29)の「건강해보여 좋아요」が使用される。前者の「오랜만이에요」は、「오랜만이에요. 잘 지내죠?」(お久しぶりです。お元気でしたか)のように、「잘 지내죠?」が省略された表現である。特に後者の「건강해보여 좋아요」は、「お元気そうで最良である」ということを表し、日本語の「どうも」のように、友好的な雰囲気作りや丁寧さに配慮しながら、同時に「親しみ」を表すPPSとして使用されているのではないかと考えられる。

(29)　건강해보여 좋아요.　　　　　　　　　　　　　　　（筆者訳）
　　　お元気そうで何よりです。

また道端で偶然、知り合いの人に出会ったとき用いられる「お出かけですか」がある。その応答表現としては、「ええ、ちょっとそこまで」が定型表現として慣習化している。韓国語でも単なる挨拶言葉として、「어디 가세요?」(お出かけですか)とか(30)の「어디 좀 가고 있어요（ちょっとそこまで）」がよく使われる。このような社交辞令的な表現も、一種の配慮表現のように思われるが、この点に関しては、今後さらに観察していきたい。

(30)　어디 좀 가고 있어요.　　　　　　　　　　　　　　（筆者訳）
　　　ちょっとそこまで。

5.6　おわりに

　今回、《依頼》における配慮表現、《忠告》の際のヘッジ表現、出会いにお

ける《挨拶》表現を中心にとりあげ、韓国語の配慮表現の在り方について考えてみた。その結果、予想した通り、直接的な表現の語調の強さを文末表現とか前置き表現や副詞の使用などにより緩和することなどが配慮表現の現れとして観察された(表1)。

　まず、《依頼》に用いられるNPSとしては、「해줄 수 있을까」とか「해줄 수 없을까」という可能疑問型以外にも、程度副詞「좀」や謝罪の前置き表現「미안하지만」「죄송하지만」、そして文末表現「까해서」「는데」など、日本語とほぼ同様の傾向がみられた。これは、《依頼》に際して質問や躊躇の形式を取るというポライトネスの方略そのものには普遍性が見いだせるとの従来の指摘と符合するものと言えよう。

　日本語とは異なる特徴も見られる。「てもらう」とか、「ていただく」という謙譲を使った間接的な依頼表現は日本語に特有な表現であり、韓国語では見られなかった。このような特徴は、人の行為が明示されることをさけようとする日本的発想を反映した日本の言語文化に起因するものと考えられる。また、韓国語では「悪いけど」のような表現に対応するものは見当たらず、恐縮の意を述べる《謝罪》の前置き表現は日本語ほど慣習化していないと言えよう。さらに、文末表現「でしょう」や、終助詞を付加することで、文末の言い切りを柔らかくする現象もないということ、などがわかった。

　次に、《忠告》に用いられるNPSとしては、「지도 모른다 (かもしれない)」や「것 같다 (と思う)」、「지 않을까 (じゃないか)」などが、FTAを緩和するヘッジとして慣習化していることと、「かもしれない」に当る韓国語の「지도 모른다」の原義も可能性判断だが、《忠告》の文脈ではFTAを緩和するヘッジとして慣習化していること、など日本語とほぼ同様な傾向がみられた。

　出会いの《挨拶》には、初対面の挨拶表現「만나서 반가워요 (お会いできてうれしいです)」とか、久しぶりに知り合いの人に出会ったときの「건강해보여 좋아요 (お元気そうで何よりです)」などが用いられる。「반가워요」や「건강해보여 좋아요」は、日本語の「どうも、はじめまして」や「どうも、久しぶり」の「どうも」のように、友好的な雰囲気作りや丁寧さに配慮しながら、同時に「親しみ」を表すPPSとして使用されていると考えられる。

　そのほかに、韓国語では、希望を使った「조심해서 가시기를 바랍니다

（お気をつけてお帰り下さい）」という表現も、《挨拶》表現に含まれる。また、「つまらないものですが、…」の形で、贈り物などを手渡しながら謙遜の気持ちを添える挨拶語として使われるものもある。韓国語ではこれに相当する「이거 별거아니지만」といった《謙遜》表現があるが、今回は触れることができなかった。これらについては今後の課題としたい。

表1　韓国語の配慮表現

発話機能	配慮表現		配慮機能
《依頼》	前置き	미안하지만（すみませんが）	相手との摩擦を緩和するNPS
		죄송하지만（申し訳ありませんが）	
	副詞	좀（ちょっと）	
	授受表現	해줄 수 있을까（可能疑問）	
		해줄 수 없을까（可能否定疑問）	
		해주면 고맙겠다（条件文系）	
	文末表現	까해서（かと思って）	
		는데（が）	
《忠告》	文末表現	것 같다（と思う）	相手との摩擦を緩和するNPS
		지도 모른다（かもしれない）	
		지 않을까（じゃないか）	
《挨拶》		만나서 반가워요（お会いできてうれしいです）	相手に親近感を示すPPS
		건강해보여 좋아요（お元気そうで何よりです）	

参考文献

生田少子（1997）「ポライトネス理論」『言語』26（6）：pp.66-71. 大修館書店
生越まり子（1995）「依頼表現の対照研究―朝鮮語の依頼表現―」『日本語学』10（14）：pp.50-60. 明治書院
柏崎秀子（1990）「話しかけ行動と場面依存性―言語行動の実態調査〈中間報告〉―」『第1回日本言語文化学研究会発表要旨』pp.11-12.

柏崎秀子(1992)「依頼表現の丁寧度に対する談話展開パターンの影響」『教育心理学会第34回総会発表論文集』307
蒲谷宏・川口義一・坂本恵(1993)「依頼表現方略の分析と記述―待遇表現教育への応用に向けて―」『早稲田大学日本語研究教育センター紀要』5: pp.52-69.
河村光雅(1999)「日朝両言語における依頼表現の違い」『日本語・日本文化』25: pp.47-62. 大阪大学
槌田和美(2003)「日本人学生と韓国留学生における依頼の談話ストラテジー使い分けの分析―語用論的ポライトネスの側面から―」『小出記念日本語教育研究会論文集』11: pp.41-54.
中道眞木男・土井真美(1995)「日本語教育における依頼の扱い」『日本語学』10(14): pp.84-93. 明治書院
牧原功(2005)「談話における『ちょっと』の機能」『群馬大学留学生センター論集』5: pp.1-12.
牧原功(2012)「日本語の配慮表現に関わる文法カテゴリー」『群馬大学国際教育・研究センター論集』11: pp.1-14.
牧原功(2019)「配慮表現「ちょっと」の機能と習慣化―ポライトネス理論からの再検証―」山岡政紀編『日本語配慮表現の原理と諸相』くろしお出版
森山卓郎(1995)「丁寧な依頼」のストラテジーと運用能力―依頼の手紙の書き方を例に―」『日本語学』10(14): pp.94-101. 明治書院
山岡政紀(2004)「日本語における配慮表現研究の現状」『日本語日本文学』14: pp.17-39. 創価大学日本語日本文学会
山岡政紀(2015)「慣習化されたポライトネスとしての配慮表現の定義」『日本語語用論学会第17回発表論文集』pp.315-318.
山岡政紀・牧原功・小野正樹(2010)『コミュニケーションと配慮表現―日本語語用論入門』明治書院
山岡政紀・牧原功・小野正樹(2018)『新版 日本語語用論入門―コミュニケーション理論から見た日本語―』明治書院
柳慧政(2005)「韓国語と日本語の依頼表現の対照研究―依頼表現の使い分けを中心に―」『日語日文学研究』53(1): pp.269-288. 韓国日本語学会
Brown, P. and Levinson, S. C. (1987) *Politeness: Some universals in language usage*: Cambridge: Cambridge University Press.
Gohhman,E. (1967) Interaction ritual:essays on face to face behavior,Garden.City.(邦訳：浅野敏夫訳(2002)『儀礼としての相互行為』法政大学出版局)

用例出典
赤川次郎『予約席』日韓対訳文庫

〈アニメ〉あたしンち
〈アニメ〉将太の寿司
〈ドラマ〉監査法人
〈ドラマ〉極上
〈ユーチューブ〉理想のすき焼き

第6章　タイ語の配慮表現

スワンナクート・パッチャラーパン

6.1　はじめに

　配慮表現とは、対人的コミュニケーションにおいて、相手との対人関係をなるべく良好に保つことに配慮して用いられることが、一定程度以上に慣習化された言語表現である（山岡 2015: 318）。この定義にしたがえば、タイ語にも、各発話機能においてそういった慣習的な表現が数多く存在すると考えられる。本章では、出会いにおける《挨拶》、《依頼》における配慮表現、《忠告》におけるヘッジの表現、《主張》における配慮表現、《感情表出》における配慮表現を取り上げて報告する。加えて、タイ語の表現と日本語の表現を対照しながら、タイ語の配慮表現を分類し、タイ語の配慮表現の個別性を考える。

　タイ語の配慮表現を報告する前に、タイ語の特徴について3つ説明しておく。1つ目は、タイ語の基本語順は、SVOである。2つ目は、タイ語では、動詞を連続させることができることである。3つ目は、発話を丁寧にするために、男性は「khráp」、女性は「khâ」を文末につけることがあるということである。「khráp」と「khâ」に関しては、教科書では、丁寧な文で文の終わりにつける言葉として紹介されている。その例は以下のとおりである。

（1）a.　nîi　pàakkaa khráp
　　　 これ[1]　ペン　丁寧詞（男）
　　　 これはペンです。（男性）

b. nân khɯɯ dinsɔ̌ɔ khâ
　　それ　である　鉛筆　丁寧詞（女）

それは鉛筆です。（女性）　　　　　　　　　　　（佐藤他 1999: 63）

　上記の日本語訳をみると、「khráp」あるいは「khâ」が文末につくと、「です」で終わる敬体である文に訳され、この2つの言葉が相手に尊重する消極的配慮を表すことがわかる。

6.2　出会いにおける《挨拶》

　タイ語の出会いにおける代表的な挨拶言葉として、「sàwàtdii」が挙げられる。タイ語の辞書である Dictionary of Royal Society では、「sàwàtdii」の1つ目の意味は「善良・繁栄」および「安全性」として挙げられている。これらの意味は原義だと考えられる。また当辞書では、もう1つの意味として、「sàwàtdii」は「出会いあるいは別れの際に用いられる挨拶言葉」であることも記載されている（日本語訳は筆者により）。

　上記の記載内容を見ると、時間的な制限が特に言及されておらず、「sàwàtdii」は時間を問わず、いつでも用いられる表現であることがわかる。そのため、日本語の「おはよう、こんにちは、こんばんは」にいずれも訳せる。また、別れる際も使用でき、この場合は「さようなら」に相当する。このように、「sàwàtdii」は、日本語の挨拶言葉より使用の範囲が広いのである。「sàwàtdii」の使用例は以下のとおりである。

（2）　状況：ジョムが家に訪問した僕（ウアン）を両親に紹介している。
　　　原作："nîi ŋay háʔ[2] ʔûan thîi nǔu
　　　　　　「これ　どう　丁寧詞　ウアン（人名）　関係代名詞　私

　　　　　　khəəy lâw hây faŋ" cǒm néʔ nam
　　　　　　たことがある　語る　くれる　聞く」ジョム（人名）紹介する

　　　　　　"sàwàtdii khráp" phǒm phánommɯɯ wây
　　　　　　「こんにちは　丁寧詞－男」　私　　合掌する　　　手を合わせて拝む

　　　　　　　"taamsàbaay thə̀"
　　　　　　「気楽に〜する してよ」
　　　訳本：「この人よ。私が話していたウアン」ジョムが紹介をした。
　　　　　　「こんにちわ」僕は合掌をした。
　　　　　　「楽にしなさい」
　　　　　　　　　　　（原作『weelaa nay khùat kɛ̂ɛw』訳本『瓶の中の時間』）

　（2）では、挨拶言葉である「sàwàtdii」と男性の丁寧な言葉である「khráp」が用いられており、「sàwàtdiikhráp」が「こんにちわ（原文の通り）」と訳されている。また、タイ文化の特徴として、合掌して挨拶する行動もみられる。このように、タイ人は「善良・繁栄・安全性」という原義を持つ挨拶言葉を用い、相手への繁栄等を祈るかのように積極的に配慮している。また、「khráp」や身振りの合掌は相手を尊重する消極的配慮であると考えられる。なお、（2）は初対面での挨拶であるが、「sàwàtdii」は「初めまして」の代わりにも使用できる。
　しかしながら、明らかな出会いの場面であっても、友人との日常の出会いなら「sàwàtdii」が用いられない場合もある。センニコーン（1982）によると、「sàwàtdii」は親密な間柄では用いられないが、知人であるという関係や初対面の人に対して用いられる。親密な関係同士では、個人の具体的な状況や行動に言及する傾向が高まるという。小説を確認したところ、親密な関係同士は出会いの際、以下のように言葉を交わすことがわかる。

（3）　状況：ジョムが僕（ウアン）を建物の前で待っている。
　　　　原作："kin　　khâaw　maa　rɯ̌ɯ　yaŋ"
　　　　　　　「食べる　ご飯　　来る　疑問詞　まだ」
　　　　　　　cɔ̌ɔm　　　　thǎam　thanthii　thîi　　phǒm　kâaw
　　　　　　　ジョム（人名）尋ねる　直ちに　関係代名詞　僕　　歩む
　　　　　　　loŋ　　maa　càak　rót
　　　　　　　降りる　来る　から　車

　　　　　　"mâypenray rɔ̀ɔk" phǒm dəən khâw pay hǎa　　lɔ̀ɔn
　　　　　「大丈夫　　よ」　僕　歩く　入る　行く　訪ねる　彼女
　　　　　　"yàa　　penhùaŋ ləəy"
　　　　　「しないで　心配する　全然」
　訳本：「もう食事は済んだの？」僕が車から降り立った途端、彼女は
　　　　尋ねた。
　　　　「いいよ」僕は彼女に近づいていった。「心配しないで」
　　　　　　　　　　（原作『weelaa nay khùat kɛ̂ɛw』訳本『瓶の中の時間』）

　（3）では、出会いの際に「もう食事は済んだの？」という表現が用いられる。このような現象は、タイ語のみではなく、中国語にもみられる。中国では、出会いの際に「もうご飯を食べたか」という意味である「吃饭了吗」と挨拶するのである。このように相手の個人的な状況を尋ねることによって、相手に親近感を与え、関心を示すことができ、相手の「好かれたい」というポジティブフェイスに配慮していると考えられる。

6.3 《依頼》における配慮表現

　タイ語の依頼表現について、依頼内容や被依頼者との関係によってさまざまな言い方がある。(4)はタイ語の教科書で挙げられている例文であり、タイ語の典型的な依頼表現だと考えられる。以下、この文を構成する各要素の機能を分析し、配慮のメカニズムについて考える。

（4）　phîi　　chûay　pə̀ət　fay　hây　　nɔ̀y　　dâay
　　　兄・姉　助ける　開ける　電気　くれる[3]　ちょっと　できる
　　　máy　　khráp
　　　疑問詞　丁寧詞（男）
　　　先輩、ちょっと電気をつけていただけないでしょうか。
　　　　　　　　　　　　　　　　　　　　　　　（宮本 2003: 126）

(4) を見るとまず、呼びかけの次に、「助ける」に相当する「chûay」という動詞が用いられている。「chûay」はこれから相手に依頼する行動を表す本動詞を前置すると「その行動を実行するように助ける」という意味をなす。日本語の《依頼》では、「～いただけると助かります」という条件節を用いることがあり、主節で「助かる」気持ちを含めた言い方があるが、このような主節の〈感情表出文〉は相手が《協力》してくれた際の感謝や喜びを前もって表す積極的配慮表現である（山岡他 2010: 157）。タイ語の依頼表現にみられる「chûay」は、日本語の「助かる」と性質が異なり、他動詞であり、条件節と共起する必要もない。しかし、「chûay」を本動詞とともに用いることによって、相手が実行すれば、話者の助けになることを表すことになり、相手の「他者に好かれたい」というポジティブフェイスに配慮していると考えられる。

　次に、「nɔ̀y」は低程度を表す副詞であるが、日本語の「ちょっと」と同様に、依頼場面などにおいては、その原義が失われ、配慮特化の副詞として用いられる。牧原（2019）によると、「ちょっと」は依頼や質問等の発話行為によって、聴者のネガティブフェイスを侵害するリスクがあると考えられた場合、その FTA を軽減するために用いられる場合があると述べている（牧原 2019: 78）。タイ語の「nɔ̀y」もこのような機能を持つ「ちょっと」と同じく配慮表現として用いられる。ただし、タイ語の語順上、「nɔ̀y」は述語に先行するのではなく、後接する。

　続いて、文末に用いられる表現についてだが、「hây」は受動性を、「dâay」は可能性を、「máy」は疑問を、「khráp」は男性が用いる丁寧さを表す言葉である。

　まず、受動性に関して、原文では、「～いただけないでしょうか」と日本語に訳されているが、タイ語では、「もらう」に相当する「dâyráp」ではなく「くれる」に相当する「hây」が用いられる。つまり、タイ語の依頼表現では、授受受動化によって、相手の判断を受身的に受け入れる配慮を示すのではなく、授受助動詞によって、話者の利益を示すのである。

　次に、可能性を表す「dâay」を用いることによって、相手が実行する可能性を問いつつ、実行できない可能性も受け入れる姿勢を示すと考えられる。

なお、タイ語では、《依頼》において可能性を表す表現が用いられるが、そのまま用いると実行可能性を問うことの原義が捨象されるわけではなく、「ちょっと」に相当する副詞の「nɔ̀y」や「くれる」に相当する「hây」と共起して初めて《依頼》として認識されるのである。
　最後に、疑問詞の「máy」は、《協力》の意思決定権を相手に委ねるポジティブフェイスに配慮するといえる。
　(4)のタイ語の依頼表現をみると、日本語のそれと同じように相手に配慮する機能を持つ要素があることがわかる。例えば、「ちょっと」に相当する副詞の「nɔ̀y」、疑問詞の「máy」、丁寧詞の「khráp」は、日本語の配慮表現とほぼ同じ働きを持っている。ただし、授受受動化に関しては、タイ語では、「くれる」に相当する「hây」しか用いられないことは相違点である。また、もう1つの相違点としては、タイ語の依頼表現には、否定的な表現や推量表現を持つことによって、婉曲化されることがないことが挙げられる。
　その他、《依頼》に際して用いる前置き表現として、タイ人は謝罪することもあるが、日本人ほどすることはない。日本人とタイ人の依頼と勧誘の構造を分析したスニサー(2006)は、日本語でもタイ語でも相手を問わず、最も多く使用される2つの発話機能が順番に「依頼・勧誘」「情報提供」であるが、次に多く使用される発話機能では日本語の場合は、聞き手に恐縮の意味を示す「謝罪」が使用されているのに対し、タイ語の場合は、上司に対しては「呼びかけ」、親しい同僚に対しては「補償」であると報告している。(4)をみると、謝罪表現が用いられず、先輩という自分より身分が高い相手に対して「呼びかけ」が用いられ、スニサー(2006)が調査した結果と一致している。

6.4 《忠告》におけるヘッジ表現

　タイ語の教科書では、日本語の「〜しなければならない」「〜すべきだ」に相当する必要性、強制、助言を表す表現としてさまざまな表現が紹介されている。まず、国民であれば必ず行わなければならないような強い義務の場合は「tôŋ」が用いられる。

（5） pràchaachon thúkkhon tôŋ　　　　　 càay phaasǐi bɔɔríʔphôok
　　　 国民　　　全員　　しなければならない　払う　税金　　消費する
　　　 hâa pəəsen
　　　 五　　パーセント
　　　 国民は皆 5％の消費税を払う義務がある。　　　　　（宮本 2003: 138）

　「tôŋ」は本来、動詞「当たる」という意味を持つ。義務表現の場合、「tôŋ」を本動詞の前に置くと、「～しなければならない」と必要性や義務を説明する意味合いになる（宮本 2003）。「tôŋ」が用いられる (5) では、単に義務が表現され、配慮が観察されない。義務あるいは規則などについて忠告する場合、相手がそれにしたがう当然性が想定されるため、言葉遣いに配慮しなくても相手のフェイスを侵害することにならないであろう。また、(5) は、会話のみならず、不特定な人物に対して書く公式な文書などでもみられるような文である。この場合は、配慮をさほど必要としない可能性がある。
　しかし、強い義務であっても特定の人物に対する会話で義務を忠告する場合、(6) のように二重否定を用い、婉曲化することがある。

（6） weelaa khǐan raayŋaan mây khǐan raaychûuu nǎŋsǔɯʔâaŋʔiŋ
　　　 時　　書く　レポート　否定辞　書く　名簿　　　参考文献
　　　 mây dâay ná
　　　 否定辞　できる　よ
　　　 レポートを書くときは、参考文献を書かないとだめですよ。
　　　　　　　　　　　　　　　　　　　　　　　　　　（宮本 2003: 145）

　(6) では、「mây ～ mây dâay」が用いられ、宮本（2003）によると、この表現は、ある特定の行動を行う必要性や義務があることを強調する場合もあり、相手に対し注意や警告の意味合いを持つこともある。(5) に比べると、同じ義務表現であっても (6) では二重否定が用いられることによって相手への働きかけが柔らかくなると考えられる。それは、二重否定を用いることによって、義務の命題内容が婉曲化され、相手のネガティブフェイスに配慮し

ているためである。また、「mây ～ mây dâay」は「～しないとできない」という条件を表す表現であり、条件表現を用いることによって、義務の命題内容が仮定的になり、相手のネガティブフェイスに配慮することになる。

　他に、助言するレベルの表現として、形容詞「適切である、相応しい」という意味を持つ「khuan」を用いた表現が挙げられる。その例が（7）である。

（7）　khun　khuan　cà　ʔɔ̀ɔkkamlaŋkaay　bâaŋ
　　　あなた　相応しい　未来辞　運動する　　　　若干
　　　あなたたまには運動すべき[4]です。　　　　　　（宮本 2003: 138）

　助言をする場合、「khuan」を本動詞の前に置くと、「～すべきだ」というように、一般社会の常識、専門の知識や技術を持つ者、またはある特定の集団の基準に基づいて、特定の人に対し助言をする表現になる（宮本 2003）。(7)では、「相応しい」に相当する「khuan」を用いてこれから相手が実行する行動の義務性ではなく相応しさを述べることによって、相手がその行動をしない可能性を受け入れ、相手のポジティブフェイスに配慮したヘッジ表現だと考えられる。また、文末に「若干」に相当する低頻度を表す「bâaŋ」を用いることは、「ちょっと」と同じく FTA を軽減することができる。

　さらに、《忠告》で用いる表現として「khuan」よりもやわらかい表現がある。それは、「～たほうがいい」に相当する「diikwàa」を用いる表現である。その例は以下のとおりである。

（8）　thəə　sày　nâakàak　dii　kwàa
　　　あなた　つける　マスク　　いい　より
　　　あなたはマスクをするべきだ。　　　　　　　　（田中 2021: 143）

　上述したように、「相応しい」に相当する「khuan」を用いる場合、これから相手が実行する行動の義務性ではなく相応しさを述べることによって、相手がその行動をしない可能性を受け入れ、相手のポジティブフェイスに配慮している。しかし、「何かを行動することが相応しい」というのは、「しな

いことが相応しくない」という意味合いも含まれている。「相応しさ」ではなく、その行動を「しないよりしたほうがいい」と述べることによって、相手がその行動をしない可能性を批判せずに受け入れ、ポジティブフェイスにより配慮していると考えられる。このように「diikwàa」は《忠告》において、相手に配慮するヘッジの表現だといえよう。

6.5 《主張》における配慮表現

　タイ語では、意見などを述べるとき、典型的には「思う」に相当する「khít」という動詞をある特定の事柄を表す動詞、または文の前に付ける。(9) がその例である。

（9）　phǒm　khít　wâa　khun　khâwcay　phìt
　　　 私　　 思う　と　 あなた　理解　　 間違っている
　　　私はあなたが誤解していると思います。　　　　（佐藤他 1999: 249）

　(9)のように「khít」を用いることによって、その事柄は事実であるかどうかに関係なくあくまで話者が思考していることであることを示している。また、他者の行動などに対して意見を述べる場合は、(10)のように推量表現である「ʔàat/ʔàatcà」を本動詞の前につけることも可能である。

(10)　kháaw　ʔàat　　 mây　chûa　khun
　　　 彼　　 かもしれない　否定辞　信じる　あなた
　　　彼はあなたを信じないかもしれません。　　　　（佐藤他 1999: 229）

　(10)の例から「ʔàat」は日本語の「かもしれない」に訳されていることがわかる。ラッタナポンピンヨ（2019）は、「かもしれない」に対応する「ʔàat/ʔàatcà」は、主張を表す場合に関して、対話文で使用されることが多く、「かもしれない」と「ʔàat/ʔàatcà」を使用することによって話し手の主張を和らげ、婉曲用法として使用されると指摘している（ラッタナポンピンヨ 2019:

82)。また、山岡他 (2010) は《主張》における配慮表現としての「かもしれない」に関して、他者にも配慮して自分の《主張》を遠慮気味に表現するためにぼかし表現として「～かもしれない」が用いられると述べている。(山岡他 2010: 206)。以上の指摘にしたがえば、タイ語の《主張》においても「ʔàat/ʔàatcà」を使用することによって、自己の《主張》を婉曲化し遠慮気味に表現することになり、結果的に相手に配慮することになると考えられる。

さらに、タイ語では、「隠れる」という意味を持つ「ʔèɛp」を《主張》で用いることがある。その例は(11)である。

(11)　kɔ̂ɔ　　khəəy　　ʔèɛp　　khít　wâa　phɔ̂ɔ　lên　　lákhɔɔn
　　　だって　たことがある　隠れる　思う　と　　父　　演じる　芝居
　　　lǎay　　rûaŋ　　phɔ̂ɔ　fàak　nǔu　dâay　máy　nǔu　yàak
　　　いくつか　類別詞　父　　預ける　私　　できる　疑問詞　私　　したい
　　　lên　　lákhɔɔn　mâak
　　　演じる　芝居　　とても
　　　父がたくさんドラマに出ているので、私のことを紹介してくれないかなと思ったことがある。私、ドラマにすごく出たかったので。
　　　　　　　　　　　　　　　　　　　　　　　　　　(Bangkok Business)

タイ日辞典であるウィライ (2011) では、「ʔèɛp」の意味に関して、「1) 隠れる」「2) こっそり～する」の2つを挙げており、話者の《主張》を遠回しに表現する機能に言及していない。しかし、《主張》では、「ʔèɛp」の原義が派生し、相手への配慮をするために用いられる。つまり、「こっそり～思う」と表現すると婉曲な主張を行うことができるのである。

6.6　《感情表出》における配慮表現

タイ語では感情を表出するとき、感情を表す表現と関係代名詞「thîi」とともに用いて、「thîi」のあとはその感情などの背景となる状況や原因を述べることが一般的である。この構文ではさまざまな感情を表す形容詞あるいは

動詞と用いられる。以下がその例である。

(12) diicay	caŋ	thîi	khun	thoo	maa
　　 うれしい　本当に　関係代名詞　あなた　電話する　来る
　　 あなたは電話をくれてうれしい。　　　　　　（ウィライ 2011: 292）

(13) phǒm	sǐacay	thîi	mây	sǎamâat	chûay	ʔàray
　　 私　　がっかりする　関係代名詞　否定辞　可能である　助ける　何
　　 khun	dâay
　　 あなた　できる
　　 役に立たなく、残念です。　　　　　　　　　（宮本 2003: 338）

さらに、タイ語では、《主張》に用いられる「隠れる」に相当する「ʔɛ̀ɛp」も《感情表出》においても用いられることがある。

(14) ʔêe sùʔchátchawii	cɛ̂ɛŋ	tìt	khoowít
　　 エー・スッチャチャウィー（人名）　知らせる　感染する　新型コロナ
　　 phɔ̌əy	ʔɛ̀ɛp	diicay	cà	dâay	nɔɔn	phákphɔ̀ɔn
　　 打ち明ける　隠れる　うれしい　未来辞　できる　寝る　休憩する
　　 エー・スッチャチャウィーが新型コロナ感染を発表した。休めるのでちょっとうれしいと打ち明けた。　　　　　　（Manager Online）

(14)のように「隠れる」を用いることによって、話者の感情を遠慮気味に表現することができる。

6.7　まとめ

これまで、さまざまな発話機能におけるタイ語の配慮表現をみてきた。本節では、タイ語と日本語の配慮表現を比べながら、タイ語の配慮表現の特徴を整理し、分類も行う。まず、機能別の配慮表現とその機能をまとめる。

表1 タイ語の配慮表現（発話機能別）

発話機能	配慮表現	配慮の機能
《挨拶》	「sàwàtdii」（こんにちは等）	「善良・繁栄・安全性」という原義を生かし、相手への繁栄等を祈ることを示す
	個人の具体的な状況や行動に言及する	相手に親近感や関心を示す
《依頼》	「chûay」（助ける）	相手が実行することが話者にとって助けとなることを示す
	「hây」（くれる）	話者の利益を示す
	「nɔ̀y」（ちょっと）	相手との摩擦を緩和しようとする
	「dâay」（できる）	相手が実行できないことも受け入れる
	「máy」（疑問詞）	《協力》の意思決定権を相手に委ねる
《忠告》	「mây ～ mây dâay」（しないとできない）	義務の命題内容が婉曲化され、義務の命題内容が仮定的になる
	「khuan」（相応しい）	相手が実行しないことを受け入れる
	「bâaŋ」（若干）	相手との摩擦を緩和しようとする
	「diikwàa」（〜たほうがいい）	相手が実行をしないことを批判せずに受け入れる
《主張》	「ʔàat/ʔàatcà」（かもしれない）	婉曲的に表現する
	「ʔɛ̀ɛp」（隠れる）	婉曲的に表現する
《感情表出》	「ʔɛ̀ɛp」（隠れる）	婉曲的に表現する
すべての発話機能	「khráp」（丁寧詞 - 男）「kha」（丁寧詞 - 女）	相手を尊重する

　表1からタイ語には各発話機能においてさまざまな配慮表現が用いられることが明らかになった。また、それぞれの表現を使用することによって、さまざまな配慮の機能が果たされ、ポジティブフェイスに配慮したり、ネガティブフェイスに配慮したりすることもわかった。このことは、配慮表現は日本語固有のものではなく、どの言語にもみられる普遍的現象であるという考

えを支持している。

　しかし、さまざまな機能におけるタイ語の配慮表現を見てきたように、タイ語の配慮表現は日本語に対応するものもあれば、日本語と異なる性質を持つ表現もあることがわかる。以下、日本語の配慮表現とタイ語のそれを対照しながら、タイ語の配慮表現の形式分類をし、タイ語の配慮表現の個別性を考えたい。

　まず、低程度や低頻度を表す「ちょっと」に相当する「nɔ̀y」と「若干」に相当する「bâaŋ」は「副詞」と分類できる。これらの言葉を使用することによって、相手との摩擦を緩和しようとすることがある。

　次に、話者の利益を示す「くれる」に相当する「hây」、可能性を表す「dâay」、「〜たほうがいい」に相当するヘッジ表現である「diikwàa」、「〜かもしれない」に相当する推量表現である「ʔàat/ʔàatcà」、「相応しい」に相当する「khuan」は、いずれも意味が機能語的であるため、「助動詞」と分類できる。

　これまで挙げてきた「副詞」および「助動詞」と分類できる配慮表現は、両言語の構文規則により文中の位置が異なっているものの、ほとんど同様な意味を有しており、似たような機能も果たしている。

　また、日本語と同様な意味を有するもの以外、「助動詞」と分類できるタイ語の配慮表現がある。それは、本来の意味がある機能語的な助動詞である。日本語の文法における前置詞、接続詞、助動詞、助詞などのような機能語に当たるタイ語においては、ほとんどがそれ自体に本来の意味があるという特徴がある（宮本 2003）。「chûay（助ける）」と「ʔɛ̀ɛp（隠れる）」は、辞典に配慮の機能が掲載されないことから機能語だとみなされない可能性があるが、それぞれの本来の意味を反映し、順番に《依頼》と《主張》で機能語としてその発話機能を果たしつつ、相手に配慮する機能も果たすと考えられる。このことはタイ語が動詞連続（形容詞を含む）があることも反映している。タイ語では、動詞を連続させることによって、動作の結果、状態、可能性を表すことがある（宮本 2003）。動詞が連続できることによって、相手に配慮する場合、タイ人は動作を表す動詞あるいは形容詞に別の動詞をつけ、動作を表す動詞の状態を表す。例えば、《依頼》では、「chûay（助ける）」が

前置すると相手が該当する動作をすることが助けになる状態、《主張》では、「ʔèɛp（隠れる）」が前置すると話者の主張を控えめにとらえる状態を表す。

最後に、二重否定である「mây～mây dâay」（しないとできない）は二重否定、疑問詞の「máy」は疑問詞、丁寧を表す言葉である「khráp」と「khâ」は丁寧詞とする。この丁寧詞はタイ語の特徴であり、日本語にはない分類だと思われる。

以上、タイ語の配慮表現を形式的に分類したが、その結果は表2にまとめることができる。

表2　タイ語の配慮表現（品詞別）

品詞	配慮表現
副詞	「nɔ̀y」（ちょっと）、「bâaŋ」（若干）
助動詞	「hây」（くれる）、「dâay」（できる）、「diikwàa」（～たほうがいい）、「ʔàat/ʔàatcà」（かもしれない）、「khuan」（相応しい）、「chûay」（助ける）、「ʔèɛp」（隠れる）
二重否定	「mây～mây dâay」（しないとできない）
疑問詞	「máy」（疑問詞）
丁寧詞	「khráp」（丁寧詞-男）「khâ」（丁寧詞-女）

本章では、さまざまな発話機能を取り上げて、それぞれのタイ語の配慮表現について考察した。日本語の配慮表現に比べて考察した結果、両言語のそれらには類似点も相違点もあることがわかった。類似点に関しては、タイ語でも「副詞」や「助動詞」を使用することによって、相手に配慮することができるということが挙げられる。その反面、タイ語の配慮表現は、機能語のそれ自体に意味があり、動詞を連続させられるという特徴などを反映しており、このことはタイ語の配慮表現の個別性だと考えられる。

なお、本章でみたタイ語の配慮表現は表現および場面もまだ限られており、より深くかつ体系的に研究する必要があると考えられる。今後は、より広く場面を取り上げて、タイ語の配慮表現を分析していきたい。

注

1 用例(8)(11)(14)を除き、すべての用例は文レベルの日本語訳は原文通りであり、単語レベルの日本語訳は筆者が辞典（ウィライ 2011）を参考につけたものである。用例(8)は文・単語レベルと共に原文通りである。用例(11)(14)は筆者が単語レベルの日本語をつけたうえで文を翻訳した。
2 háʔも文を丁寧にするために文末につける言葉だが、khráp/khâ よりカジュアルで、性別を問わず用いられる。
3 タイ語には日本語のように「あげる・くれる」の区別がない。(4)では、hây の受動性を考慮し、「くれる」と訳すことにする。
4 宮本（2003）および田中（2021）では、配慮表現が用いられていても忠告の文を「すべき」として訳している。本章では、文レベルの日本語訳は引用文献の通りにしたが、単語レベルでは、より日本語のニュアンスに近い「相応しい」と「よりいい」という日本語訳を添えた。

参考文献

スニサー　ウィッタヤーパンヤー（2006）「日本人とタイ人の「依頼」、「勧誘」行為について：対人関係を維持するストラテジーを中心に」『三田國文』43、pp.15-34. 慶應義塾大学国文学研究室

セーンニコーン　マラシー（1982）「挨拶言葉における距離の意識」『待兼山論叢』15、pp.25-43. 大阪大学文学部

田中寛（2021）「タイ語の必要・義務と確信の意味機能―／tôŋ／の用法とその周辺―」『語学教育研究論叢』38、pp.137-152. 大東文化大学語学教育研究所

牧原功（2019）「配慮表現「ちょっと」の機能と慣習化―ポライトネス理論からの再検証―」山岡政紀編『日本語配慮表現の原理と諸相』くろしお出版

山岡政紀（2015）「慣習化されたポライトネスとしての配慮表現の定義」『日本語語用論学会第 17 回発表論文集』pp.315-318. 日本語用論学会

山岡政紀・牧原功・小野正樹（2010）『コミュニケーションと配慮表現―日本語語用論入門』明治書院

ラッタナポンピンヨ　プラッチャヤポーン（2019）「日タイ認識的モダリティ形式の対照研究：「だろう」「かもしれない」「はずだ」を中心に」大阪大学博士論文

教科書

佐藤正文・ワッタナー　ウティチャムノン（1999）『実用タイ語会話 1』Bangkok: Technology Promotion Association

宮本マラシー（2003）『世界を学ぶオリジナル語学教材シリーズ　タイ語表現法』大阪外国語大学

辞典

ウィライ トーモンクン（2011）『実用　タイ日辞典・用例集《8,000 語》』Bangkok: Technology Promotion Association

Dictionary of Royal Society https://dictionary.orst.go.th/（最終閲覧：2023 年 4 月 15 日）

用例出典

Bangkok Business　https://www.bangkokbiznews.com（最終閲覧：2022 年 12 月 9 日）

Manager Online　https://mgronline.com/（最終閲覧：2022 年 12 月 9 日）

Sevikul, Prabhassorn（1991）*weelaa nay khùat kɛ̂ɛw* Nanmeebooks, 藤野勲（2015）『瓶の中の時間』Nilubol Publishing House

第 7 章　アラビア語の配慮表現

リナ・アリ

7.1　はじめに

　どの言語においても、日常生活において、他人との人間関係を良好に保つため、様々なストラテジーや適切な言語表現が用いられる。それらのストラテジーや言語表現はポライトネスや配慮表現、ヘッジ表現などと記述されることが多い。ポライトネスとは、「会話において、話者と相手の双方の欲求や負担に配慮したり、なるべく良好な人間関係を築けるように配慮して円滑なコミュニケーションをはかろうとする際の社会的言語行動を説明するための概念」である（山岡・牧原・小野 2010: 67）。ここで言う円滑なコミュニケーションとは、「話し手が聞き手に自分の言うことを気持ちよく受け取ってもらえるように、言い方についてストラテジーを使うことである」（井出 2006: 79）。

　つまり、これらの定義から考えると、ポライトネスの概念がどの言語でも普遍的に存在することがわかる。しかし、その概念をどのように表すかというストラテジーの面から考えると、社会的言語行動であれば、各々の言語背景にある文化や社会的通念などによって、異なることが推測できる。

　文化・言語の違いによって、コミュニケーション・パターンが異なることについて、Kaplan (1966) は、論理展開パターンの観点から初めて検討し、世界各言語の論理構造パターンをモデル化した。これらのパターンは、各言語の特徴によって、思考や語順の順序が異なることを示すものである。しかし、Kaplan (1966) によってモデル化された論理構造パターンは、英語中心

主義的であるという多くの批判にさらされた。これに対して、Hall (1976) は、文化によってコンテキストの特性が異なることを指摘し、世界各国の文化体系を分類した。その中で、日本文化は代表的な高コンテキスト文化であるとされ、アメリカは代表的な低コンテキスト文化とされている。また、Hall の分類において、アラブ諸国の文化も日本と同様に高コンテキスト文化とされている。しかしながら、筆者が 2015 年に日本語とエジプト方言アラビア語 (以下、アラビア語) の語用論における配慮表現及びコミュニケーション・ストラテジーについて対照研究を行った結果、アラビア語の断り発話には低コンテキスト文化の特徴が多く見られ、どの言語でも場面や相手との上下関係や親疎関係などにより、コミュニケーション・ストラテジーが左右されるため、Hall (1976) の理論を一般化するのが困難であることを証明した。しかし、これらの知見は日本語教育の現場では日本語学習者に提示することが必要不可欠なものだと考えられる。日本語学習者にとって、文法や会話、聴解、作文などといった能力は重要な資質だが、場面に応じて適切な表現の選択を行う能力、目標言語を用いて良好な人間関係を築く能力、目標言語の背景にある文化や価値観などに関する知識もきわめて重要である。

　筆者は、一人の日本語学習者の経験及び、日本語教師の経験を持つ者として、日本語教育の中ではコミュニケーション能力の育成が最も重要な側面であると信じている。第二言語学習過程では、実際に言語を用いて、母語話者と適切なコミュニケーションが取れることは主たる目的であろう。第二言語学習者の学習目的は人それぞれだが、言語環境が職場か、教育機関かに関わりなく、さらに、言語学習の動機が外発的か内発的かに関わりなく、言語を適切に用いて、円滑なコミュニケーションをはかることは必要不可欠な資質である。そのコミュニケーションの中では、人間関係を維持する手段の 1 つとして、配慮表現を用いることが重要だと考えられる。ここで筆者が言う配慮表現とは何を指すかについて、山岡他 (2018: 159) の定義を引用する。配慮表現とは、「対人的コミュニケーションにおいて、相手との人間関係をなるべく良好に保つことに配慮して用いられることが、一定程度以上に慣習化された言語表現」である。

　どの言語でもコミュニケーションの中では、FTA (Face-Threatening Act：

フェイス侵害行為)を起こしてしまうことがよくある。例えば、誘いや依頼、謝罪、拒否、意見の不賛同など様々な発話行為が挙げられる。このような場面では、FTA をしてしまうが、その FTA の軽減手段として配慮表現が使用される。言い換えれば、相手にかける心理的負担を軽減し、相手との人間関係の良好性を維持するため、何らかの配慮を示すことが普遍的なことだと思われる。したがって、日本語学習者にとって日本語母語話者とのコミュニケーションで起こる FTA では、日本語の配慮のメカニズム及び、配慮表現に関する知識を持ち、適切に使用できる能力が求められている。また、日本語学習者が教育機関を卒業して社会人になった後、日本語母語話者と働くこともよくあるが、その際にも、職場では良好な人間関係や、コミュニケーション能力における配慮表現の使用が非常に重要な能力である。しかし、筆者がこれまでに行った研究では、アラビア語を母語とする日本語学習者の日本語の会話では、母語からの転移と見られるコミュニケーション・ストラテジーが多く見られた。また、日本語学習者が使用する日本語教材には配慮表現のテーマが文法と個別に提供されないことが大きな課題であることがわかった。そのため、筆者は日本語とアラビア語の配慮表現の類似点及び相違点を探る初の対照研究を博士課程で行った (リナ 2015)。その後、山岡他の教授らと共同研究を続け、日本語とアラビア語の配慮表現の対照研究の成果を日本語教育の現場で活かすようにしている。

　本章の前半では、アラビア語の様々な場面や発話行為に見られる配慮表現を概観し、アラビア語の特徴を考察し明らかにする。具体的には、出会いにおける配慮表現、依頼発話における配慮表現、及び、忠告におけるヘッジ表現などについて論じる。後半では筆者が行った最新の配慮表現の研究成果について報告する。

7.2　アラビア語の配慮表現

　アラビア語の配慮表現と日本語との対照に関する研究は、筆者が筑波大学の修士課程及び、博士課程で (2011 〜 2015 年) 初の研究を行ったもの以外は管見の限りない。しかし、上述した通り配慮表現のメカニズムの理解及

び、配慮表現の選択に関わる能力も、日本語学習者が日本語母語話者と良好な人間関係を築くのに必要不可欠な知識だと考えられる。また、日本語教育における教材開発にも、配慮表現の研究成果が活用されることが重要である。したがって、筆者は筑波大学の修士及び博士課程において、日本人とエジプト人の円滑的なコミュニケーションや、エジプト人日本語学習者に日本人と良好な人間関係を築くことに貢献する異文化間コミュニケーション及び語用論と日本語教育について研究を始めたわけである。本節では、アラビア語の様々な配慮表現を提示し、考察を行う。

7.2.1　出会いにおける《挨拶》

　出会いの場面における《挨拶》は、本来人間関係を構築し、確立するものである。したがって、出会いの《挨拶》にはどの言語でも配慮表現が使用されることが推測できる。しかし、初対面の相手の場合とそうでない場合、また、相手との上下関係や親疎関係など様々な要因によって、出会いの《挨拶》における配慮表現が大きく左右されることがある。例えば、親しい間柄の場合短い挨拶表現を使用するのに対し、疎遠な関係では長い挨拶表現が使用されることが予想できる。例えば、日本語では親しい相手に対して「お疲れ」、「じゃね」、「お先に」などのようなくだけた挨拶表現を用いることが可能であるものの、疎遠な相手や目上の相手に対しては「お疲れ様でした」、「お先に失礼致します」と省略せずにきちんと《挨拶》を行うだろう。

　本節は、アラビア語の出会いにおける挨拶表現を概観するが、特に日常的に会う機会がある相手に対する《挨拶》の配慮表現に焦点を当てて、考察を行う。

　アラビア語の初対面における代表的な挨拶表現としては、以下のようなものが挙げられる。

（1）　forsa saʕida.（お会いできて嬉しいです）
　　　（原義：嬉しい機会）
　　　ana asʕad.（こちらこそ）
　　　（原義：私の方が嬉しいです）

（2）　tasharafna.（お会いできて光栄です）
　　　（原義：光栄でした）
　　　elsharaf lya.（こちらこそ光栄です）
　　　（原義：こちらに光栄があります）

　上記の初対面での挨拶表現は、一定程度以上に慣習化された表現であり、相手との出会いの大切さを表すものであると考えられる。日本語でも「お会いできて光栄です」とか「お目にかかることができて嬉しいです」など初対面の目上の相手に対し、慣習化された表現が使用されるのと同様に、アラビア語においても同様の意味を持つ配慮表現が存在することがわかる。例えば、（1）のように「forsa saʕida」の原義が（嬉しい機会）だが、それが慣習化して初対面の出会いにおいて日本語の（お会いできて嬉しい）という意味で配慮表現として使用されている。一方、日本語では、しばらくの間会わなかった相手に再会した際に「お元気ですか」、「お元気でしたか」と挨拶することができるが、日常的もしくは定期的に会う相手に対して「お元気でしたか」と普段は言わないだろう。日本語母語話者からみて、昨日会ったばかりの相手に「お元気でしたか」と言われたら、おかしいと思うだろう。
　筆者が大学生時代に初めて日本に留学したとき、知り合った日本人の友人に日常的に大学ですれ違ったとき、日本語で「お元気ですか」と挨拶をした経験がある。しかし、ある日その友人は「昨日会ったでしょう」と返事した。そのとき、筆者は初めて日本人は「お元気ですか」は日常的な挨拶として使わないことがわかった。一方、エジプトでは、週に何度も会う機会があった人に再会したときでも、日本語の「お元気ですか」、「お元気でしたか」を表す表現を用いることがごく普通のことである。例えば、以下の表現が挙げられる。

1.　akhbarak eh？　　最近どうですか？
2.　ezayak?　　　　　お元気？
3.　ʕamel eh？　　　　調子はどうですか？
4.　kwis?　　　　　　元気？大丈夫？

上記のアラビア語の挨拶表現は、ほぼ日本語の「お元気ですか」に当たる挨拶表現だが、一度の場面で上記全てを使うこともよくある。したがって、エジプト人の《挨拶》は日本人と比べれば長いと考えられる。
　そのため、日本語の「お元気ですか」に相当するアラビア語の表現のバリエーションが多いと言うことができる。しかし、よく会う相手に対して用いる際は、相手が本当に元気だったかどうかを知りたい訳ではなく、相手に対する配慮の示し方として、用いられているものである。したがって、これらの挨拶表現はよく対面する相手に対して、使われた際に配慮表現として機能していると考えられる。また、日本語で長い間、会わなかった人に対する「お久しぶりですね」に相当するアラビア語の挨拶表現に "fenak" という表現がある。その原義を日本語に直訳すると「どこにいますか」に当たるが、実際に相手が今どこにいるかを尋ねているわけではなく、「長い期間どこにいましたか」、「どうして会わなかったか」と言うことによって「会いたかった」、「心配していた」といった相手への親愛の情を伝えるポジティブポライトネスの機能が慣習化した配慮表現なのである。したがって、その答えとして、同様に「あなたこそどこにいますか」と返すことが多いが、「ちょっと忙しかった」、「旅行していた」、「病気だった」、「まあまあ」などのように答える場合もある。言い換えると、"fenak" は英語の "long time" のような表現に当たるとも言える。ここで疑問文としての機能が希薄になっているのは、日本語の「お元気ですか」、中国語の「你好吗？」、英語の "How are you?" 等が挨拶表現として慣習化し、疑問文としての機能を失っているのと共通する現象である。

7.2.2 《依頼》における配慮表現
　一般的に《依頼》を行う際に、《依頼》を実行する相手に心理的負担をかけることになる。したがって、どの言語でも依頼者は、相手にかける負担の度合いを軽減するため、何らかの配慮を示すために、配慮表現を用いることが予想できる。例えば、日本語では《依頼》を行う際に「お手数おかけしますが」のような前置きや、「お願いしてもいいかな」、「〜してくれないかな」などのような文末表現が用いられ、相手に断る余地を与える表現や、「他者

の負担が大きいと述べよ」(山岡他 2010) の原則に沿う表現が用いられる。アラビア語の依頼場面でも、依頼者は相手に負担をかけることは、日本語と同様であり、世界共通で普遍的なことであると言える。本節は、特に《依頼》の開始部と主要部に焦点を当て、アラビア語の依頼場面では、どのような配慮表現が見られるか、これらの表現はどのような配慮の機能を担っているのかについて考察を行う。

以下で、アラビア語の依頼表現のいくつかの事例を示す。

（3）　A: mumkn aftaħ eltakeef?
　　　　（エアコン付けてもいいですか）
　　　B: ah, mumkn.
　　　　（いいですよ。可能ですよ）

上記の例文で使われた助動詞 "mumkn" は、可能性や許可を求めるという本来の意味を表す表現形式である。つまり、行動を実行するのは発話者であるが、その行動を行ってもいいかどうか相手に《許可要求》する表現である。依頼発話では、行動を行うのが話者ではなく、聴者側が依頼を引き受けた際に実行する。このような場合でも、"mumkn" が使用されることが多い。つまり、一定程度以上に慣習化された表現とも言える。したがって、依頼発話で用いられる "mumkn" が拡張した配慮の機能を備えていると思われる。次に、依頼発話で用いられる "mumkn" として、以下の例文が挙げられる。

（4）　<u>mumkn</u> atlob mnk ħaga?
　　　　（何か頼<u>んでもいいですか</u>）

（4）では、"mumkn" が表す《許可要求》の意味を持つが、実際は依頼者が依頼内容を述べる前に、相手に「これから依頼を行うよ」ということをわかって欲しいという思いが込められ、相手に心の準備ができるように使用されるものだと考えられる。つまり、（4）は英語の "Would you do me a favor?" に当たる表現であり、疑問形を用いることにより、許可を求める相手に断る余

地を与える表現にもなると言える。そのため、命令形を表すアラビア語の（mn fadlak 〜）、または日本語の「〜てください」などと比べれば、断る余地を与える表現がアラビア語でもより丁寧な表現で、配慮の度合いが高いものと見なされる。

　Lakoff, R (1973: 298) は、語用論的能力の原則の補足として以下のポライトネスの原則を挙げている。

Rules of Politeness
　1. Don't impose（押し付けるな）
　2. Give options（選択肢を与えよ）
　3. Make a feel good-be friendly（気持ちよくしよう、友好的になれ）

　Rule 1 は、押し付けがましくならないことであり、相手にとって望ましくないとわかっていることをせず、相手の気持ちを常に考えることである。Rule 2 は、相手に選択の余地を与えることである。例えば、何かを依頼するとき、一方的に考えて「……ください」より、断る余地を与える「……てくれない？」という表現を用いることである。Rule 3 は、相手と良好な人間関係を築くことに着目し、気持ちよくコミュニケーションしようということである。以上のことから、相手に選択の余地を与える表現がポライトネスの表れであり、日本語でもアラビア語でもより丁寧な表現である。

　上記の例文で使われた "mumkn" は、依頼の前置きや、依頼の開始部に当たるものであるため、発話者が依頼内容に触れていないことがわかる。つまり、依頼者がこれらの表現を依頼の開始部で用いることにより、直接的に依頼内容を述べることを避け、依頼してもいいかどうかを相手に確認し、許可を求めている。

　では、同様の表現が依頼の主要部で用いられた際に、同じ機能を果たすかどうか、依頼の開始部で用いられた場合とどう異なるかを確認したい。

（5）　mumkn tsalefny moḥadret elyabani?
　　　（日本語の授業ノートを貸してもらってもいいかな）

(5)では、同様の配慮表現が使用されているが、(4)と比べると、依頼者が依頼内容を具体的に提示していることがわかる。つまり、(4)では、依頼者がまず依頼してもいいかどうか許可要求を表す疑問形"mumkn"を用いることで確認しているが、(5)では依頼者は依頼の余地を与えながらも、依頼内容も直接提示している点で異なる。

　筆者は上記の(4)と(5)を30代のエジプト人6名に提示し、どちらがより丁寧だと思うか聞いてみた。その結果、(4)の方がより丁寧であることがわかった。つまり、許可要求を表す疑問形"mumkn"を含めた表現が主要部より、開始部で依頼発話を展開するパターンがより丁寧であることがわかった。それは、依頼される側が依頼内容をわかる前に断る余地が与えられた方が、断る際の心理的負担が、依頼内容をわかった後よりも断る際の心理的負担が少ないからだと思われる。即ち、依頼内容がいかに依頼者にとって重要なのかをわかった後で断ってしまうと、依頼された側の心理的負担が大きいのではないかと考えられる。

　以上、アラビア語の依頼に使用される"mumkn"の語義と拡張した配慮の機能を表す事例を見てきた。このことから、依頼で用いられる"mumkn"が配慮表現として機能していると考えられる。

7.2.3 《忠告》におけるヘッジ表現

　堀田・堀江(2012: 3)は、ヘッジ表現とは「円滑な人間関係を確立維持するための言語手段」であり、ポライトネス・ストラテジーの1つとして位置づけられている。また、ヘッジ表現は以下の2つの機能を持つものとしている。

1. 可能性や程度性、類似性など命題内容の不確かさを示す機能。
2. 情報に対する話し手の捉え方(発話態度)を緩和させたり、感情や思考などの発話内容を緩和させたりする機能。

　上記の2点のうち、特に2.の話し手の捉え方(発話態度)を緩和させたり、感情や思考などの発話内容を緩和させたりする機能に焦点を当てたい。例え

ば、日本語で忠告する際には以下のような表現がある。

（6） そういうことはすぐに連絡しないとだめだ。
　　　そういうことはすぐに連絡しないとだめでしょう。

　牧原(2011: 55)は、上記の例文を挙げ、日本語の忠告の文でも使われる「だろう(でしょう)」は配慮表現としての機能を備えていると指摘している。つまり、「だろう(でしょう)」は発話内容を緩和させる機能を備えていると言える。
　では、次にアラビア語の忠告におけるヘッジ表現としてどのような表現が使われているのか、これらの表現がどのような働きや機能を持つのかを考察する。特に、アラビア語母語話者から、アドバイスを求められたとき、次のような忠告表現 "ana shayfa"（私はそう思う）、"law ana"（私だったら〜）を耳にすることが多いので、考察したい。以下の作例は、発話者 A が海外留学する機会があるが、行くかどうか悩んでおり、友人に相談している場面である。

（7） A: msh ʕarfa aʕmel eh!
　　　（どうすればいいのかな）
　　　B: ana shayfa tsafry afdal
　　　（私は、留学した方がいいと思う）
　　　C: law ana makanek hasafer
　　　（私なら留学に行く）

　日本語表現においても同様に「私だったら……」と母語話者がアドバイスを求められたとき、使ったことを耳にしたことは何回もある。では、なぜこのような場面では、忠告を行う側は「行った方がいいと思う」と答えることができるのに、「私なら….」、「私はそう思う」など発言するだろうか。筆者の見解では、これらの表現は、上述した Lakoff, R(1973)の語用論的原則の 1. Don't impose （押し付けるな）に相当するものだと考えられる。具体的

に述べると、発話者が考えていることが必ずしも相手にとって望ましいことではないと思い、直接的に「そうしてください」、「そうした方がいい」と言うより、相手の立場にいるなら自分がそう解決すると述べている。要するに、自分の意見を相手に押し付けたくないのと同時に、「私はそう思うけど、あなたは違うことを思ってもらっていい」という思いが含意されている忠告表現ではないかと思われる。したがって、これらの表現は、配慮表現としての機能を備え、相手のフェイス侵害を避けると同時に、自分のポジティブ・フェイスも守ろうとするものだと思われる。

7.2.4 《賛同》における配慮表現

　日本語では、相手と共感を持ち、相手の主張を肯定的に受け入れるとされている「たしかに」に相当するアラビア語の "fʕlan" が使われるが、以下の例文を見てみよう。

（8）　elmoħadra kanet saʕba awy
　　　（きょうの授業が難しかったね）
　　　fʕlan
　　　（たしかに）
（9）　elgaw ħar awy elnaharda
　　　（今日は暑いですね）
　　　fʕlan
　　　（たしかに）

　上記の例で使われた "fʕlan" は日本語の「たしかに」に相当し、同じような働きを持つものと考えられる。言い換えると、日本語の「たしかに」の原義は確実性だが、慣習化して賛同表現として拡張された。アラビア語の場合も "fʕlan" の原義は確実性だが、賛同表現としての機能を持ち、配慮表現として認定できると考えられる。同じ意味を持つ他のアラビア語の表現が "belzabt"（その通りだ）や、"saħ"（正しい）などが挙げられる。これらの表現が相手の意見に賛同していることを言語化しているものである。言い換える

と、Leech (1983) のポライトネスの原理の（一致の原則）「自己と他者との意見相違を最小限にせよ」、「自己と他者との意見一致を最大限にせよ」に沿う表現であると言える。

このように、日本語とは言語系統が大きく異なるアラビア語には相違点のみではなく、日本語と類似している点もあるということが言える。それが「はじめに」で筆者が述べた通り、配慮表現の現象は普遍的なものであり、どの言語にも存在するはずだが、言語の背景にある文化の違いにより、配慮の表し方や、表現に対する意識が異なるからである。

7.3 最新の研究成果

本節では、筆者が日本語教育における異文化間コミュニケーションや異文化間語用論における配慮表現及び、日本語とアラビア語に関する配慮表現の対照研究などの研究成果について報告する。

リナ (2019) では、不利益行為における自他動詞の選択について、配慮表現としての機能を中心に研究を行った。具体的には、不利益行為に焦点を当て、配慮表現の観点から日本語とアラビア語の自他動詞の選択の相違点を探り、両言語間の相違がアラビア語を母語とする日本語学習者にどのように影響するのかということを考察した。

日本語学習者の自他動詞の選択を取りあげた従来の先行研究において、学習者の母語を問わず自他動詞の使い分けの困難性について多くの指摘がなされている。しかし、文化は言語に大きく反映すると思われるため、日本語学習者にとって自他動詞の習得を困難とする共通の要因もあれば、学習者の母語文化によって生じる困難性もあると考えられる。筆者による研究では語用論における配慮表現の観点から日本語とアラビア語の自他の選択の違いを考察し、両言語においてこれらの表現がどのように使用されているかを明らかにした。研究結果では、日本語においては他者に不利益行為を及ぼしてしまったとき、他動詞がより丁寧であるのに対し、アラビア語は自動詞がより丁寧であることがわかった。そして、両言語間の相違は、学習者の自他動詞の選択の習得を困難とする大きな要因であることも明らかとなった。

具体的には、日本語では「他動詞の使用は配慮表現の一種と見なすことができる」とされている（牧原 2014: 69）。また、日本語の「皿が落ちて割れてしまったんです。」という発話例は、「やや無責任な感じがするように思われる」と指摘されている（牧原 2012: 7）。これに対して、アラビア語において、自動詞で同様の発話をすることが多い。なぜなら、アラビア語の "ana kasart eltabak"（皿を壊した）は、話者が意図的に相手に不利益をもたらしたという印象を与えてしまうからだと思われる。また、日本語では、非意図的に相手に不利益を与えた際、自動詞より他動詞の方がより丁寧であると指摘した研究（守屋 1994）があるが、アラビア語は日本語とは異なり、非意図的に相手に不利益を与えた際他動詞より自動詞の方がより丁寧であることが観察された。そのため、筆者が行った本研究では、日本語母語話者は学習者が産出した自動詞文における謝罪発話に対して、否定的に評価をしていることが観察された。このように穏便かつ丁寧に謝罪したつもりでも、必ずしも相手に伝わるとは限らない。したがって、相手にどう伝わるかを考えた言葉の使い方を学ぶことも必要不可欠である。

　リナ（2021）では、筆者が異文化間語用論における代案提示表現について日本語配慮表現の原則に焦点を当てた分析を行った。また、話し手が選択する表現によって生じる負担の度合いを考察し、日本語とアラビア語両言語のFTA 軽減ストラテジー及び表現選択の違い、代案提示表現の丁寧さ・配慮の度合いの観点から比較検討した。ここでいう異文化間語用論とは、異なる文化的背景を持つ言語使用者によって遂行される言語行為の研究であり、文化の違いが言語コミュニケーションにどのように反映するのかを語用論[1] の枠組みを用いて研究する分野である（清水 2009）。研究結果では、日本語では恩恵を受けていない発話者による「授受補助動詞」「〜てもらっていいか」の許可要求表現が性別を問わず、最も配慮が高い表現となっており、慣習化したことがわかった。授受補助動詞が、依頼発話の中では配慮表現として認定され、丁寧な表現であることが指摘されている（山岡他 2010、砂川 2006）。しかし、依頼発話の場合日本語の授受補助動詞は本来発話者自身に利益があるとされているが、筆者が研究対象とした要求に対する断り発話で見られる代案提示における授受補助動詞では利益は完全に聴者にある。例え

ば、以下の2つの例文を比較したい。

(10) A: ちょっと手伝ってくれないかな。
 B: ごめん、今ちょっと忙しいんで、Cさんに頼んでみたらどう！
 C: ごめん、今ちょっと忙しいんで、Cさんに頼んでみてください。
(11) すみません、今忙しいんで他の人に頼んでもらっていいですか。
 （許可要求表現による授受補助動詞） 　　　　　　（リナ 2021: 8）

　上記の(10)では、BさんがAさんの要求に応じることができない状態にあるため、別の案で間接的に拒否していることが分かる。この「Cさんに頼んでみたらどう！」あるいはCの「～頼んでみてください」のように、提案による（～たらどう）と、命令形による（～てください）表現で代案提示を表すことができるものの、研究結果では日本語の（～たらどう）と、（～てください）より、(11)の授受補助動詞がより丁寧であることがわかった。
　(11)から分かるように、発話者が依頼の拒否発話では聴者の利益は自分の利益であるかのように慣習化した「授受補助動詞」で表現し、聴者との距離感を縮めることで配慮を示そうとするのではないかと考えられる。
　一方、アラビア語は許可要求を表す助動詞 "mumkn" と疑問形による情報求めを用いることにより、相手に配慮が伝わることが明らかになった。例えば、以下の例文が挙げられる。

(12) mumkn totlob mn ḥad tany?
 （他の人に頼んでいいですか）
(13) mfish ḥad tany?
 （他にできる人いないですか） 　　　　　　（リナ 2021: 7）

　このように、慣習化した表現形式が異なったとしても、日本語でもアラビア語でも相手に許可を求め、かつ言葉上は決定権を委ねている表現が、最も丁寧と見なされていることが共通点として挙げられる。

7.4　おわりに

　本章の前半では、出会いや、依頼、忠告、賛同などの発話場面を取り上げ、アラビア語の配慮表現について考察を行った。その結果、これらの場面で見られる発話行為において配慮表現として認定できる表現形式がいくつか明らかとなった。日本語と同様の傾向が見られたものもあったが、異なる傾向もあった。また、本章の後半では筆者が語用論及び慣習化した配慮表現についてこれまでに行った最新研究の成果について報告した。

　このように、筆者は日本語とアラビアの配慮表現の対照研究を継続的に行うことにより、エジプト人と日本人の両者のコミュニケーション・ストラテジーや、慣習化した配慮表現の類似点及び相違点を明らかにすることを目指している。しかし、これらの研究成果は、エジプト人日本語学習者の日本語教育の現場で活かすことを最終目的とするものである。学習者に母語と目標言語の背景にある文化の違いや、目標言語母語話者と良好な人間関係を築くことに意識を向け、日本語教材からだけでは把握できない知見を与える。

注
1　語用論とは、「言語学の諸部門のなかで、発話の効力が発生するメカニズムを探求する部門である」（山岡・牧原・小野 2010: 11）。

参考文献
井出祥子（2006）『わきまえの語用論』大修館書店
清水崇文（2009）『中間言語語用論概論―第二言語学習者の語用論的能力の使用・習得・教育―』スリーエーネットワーク
砂川有里子（2006）「『～てもらっていいですか』という言い方―指示・依頼と許可求めの言語行動」上田功・野田尚史編『言外と言内の交流分野―小泉保博士傘寿記念論文集』大学書林
西田司・グディカンスト、W. B.（2002）『異文化間コミュニケーション入門』丸善
堀田智子・堀江薫（2012）「日本語学習者の「断り」行動におけるヘッジの考察―中間言語語用論分析を通じて―」『語用論研究』14: pp.1-19. 日本語用論学会
牧原功（2011）「配慮表現としての文末のムード形式」『日本語コミュニケーション研究

論集』1: pp.51-60. 日本語コミュニケーション研究会
牧原功 (2012)「日本語の配慮表現に関わる文法カテゴリー」『群馬大学国際教育・研究センター論集』11: pp.1-14. 群馬大学国際教育・研究センター
牧原功 (2014)「配慮表現と動作のコントロール性」『日本語コミュニケーション研究論集』3: pp.63-72. 日本語コミュニケーション研究会
三宅和子 (2019)「LINEにおける「依頼」の談話的特徴を記述・分析する (1)—メディア特性とモバイル・ライフの反映を探る—」『文学論叢』93: pp.110(31)-92(49). 東洋大学文学部日本文学文化学科
守屋三千代 (1994)「日本語の自動詞・他動詞の選択条件—習得状況の分析を参考に—」『講座日本語教育』29: pp.151-165. 早稲田大学日本語教育研究センター
八代京子・町恵理子・小池浩子・吉田友子 (2009)『異文化トレーニング—ボーダレス社会を生きる』三修社
山岡政紀・牧原功・小野正樹 (2010)『コミュニケーションと配慮表現—日本語語用論入門—』明治書院
山岡政紀・牧原功・小野正樹 (2018)『日本語語用論入門—コミュニケーション理論から見た日本語』明治書院
山岡政紀編 (2019)『日本語配慮表現の原理と諸相』くろしお出版
リナ・アリ (2015)「日本語とアラビア語の断り発話を正当化するメカニズムについて—異文化間語用論と配慮表現の観点から—」筑波大学大学院国際日本研究専攻博士論文
リナ・アリ (2018)「異文化間におけるコミュニケーション様式について—異文化間語用論と配慮表現の観点から—」『日本語コミュニケーション研究論集』7: pp.22-30. 日本語コミュニケーション研究会
リナ・アリ (2019)「不利益行為における自他動詞の選択について—配慮表現としての機能を中心に—」『日本語コミュニケーション研究論集』8: pp.36-43. 日本語コミュニケーション研究会
リナ・アリ (2021)「異文化間語用論における代案提示表現について—日本語配慮表現の原則に焦点を当てた分析—」『カイロ大学文学部紀要』81: pp.1-18. カイロ大学文学部
Brown, P. and S. Levinson (1987) *Politeness: Some universals in language usage*, Cambridge: Cambridge University Press. (ブラウン、レヴィンソン　田中典子監訳 (2011)『ポライトネス　言語使用における、ある普遍現象』研究社)
Grice, Paul (1975) "Logic and Conversation," In Cole, Peter and Jerry L. Morgan (eds.), *Syntax and Semantics 3: Speech Acts*, 41-58. New York: Academic Press.
Hall, E. T. (1966) *The silent language*. New York: Anchor.
Hall, E. T. (1976) *Beyond culture*. New York: Doubleday.

Kaplan, R.B.（1966）Culture Thought Patterns in Intercultural Education, *Language Learning* 16: pp.1-20.

Lakoff, G.（1973）Hedges: A Study in the Meaning Criteria and the Logic of Fuzzy Concepts, *Journal of Philosophical Logic* 2: 4, pp.458-508.

Lakoff, R.（1973）The Logic of Politeness; or, Minding your P's and Q's., In Papers from the Ninth Regional Meeting of the Chicago Linguistic Society. Chicago: Chicago Linguistic Society. pp.292-305.

Leech, G.（1983）*Principles of Pragmatics,* London: Longman.（リーチ　池上嘉彦・河上誓作訳（1987）『語用論』紀伊國屋書店）

第 8 章　配慮表現に関わるテンスの日英対照

牧原功・西田光一

8.1　はじめに

　日本語においては、テンスがポライトネスに関与すると考えられる。日本語では、以下の (1) と (2) を比較すると、過去時制であるタ形を用いた (1) の方が丁寧な語感があるとする見方が多い。

（1）　本日からご一泊でよろしかったでしょうか。
（2）　本日からご一泊でよろしいでしょうか。

　上記の例では、過去時制を用いることが聴者の情報処理の負荷を軽減することに繋がり、それがポライトネスを高めるように働くとする見方が、語用論研究者を中心に認知されている。このようなポライトネスストラテジー (PS) が、聴者の処理労力削減のために用いられているとすれば、これは聴者のネガティブフェイスへの侵害を抑制しようとするという点で、ネガティブポライトネスストラテジー (NPS) に分類されるべきものと言える。
　本章の目的の 1 つは、このような NPS としてのテンスの操作が言語普遍的に存在するのか、また、テンスの PS の形式化、慣習化の程度は言語間で異なるのかについて、日本語と英語を対照しつつ検討することにある。
　また、特に英語においては、新聞記事等の見出しを現在形にして用いるという現象が多く観察される。このようなテンスは、話者と聴者との一体感を増す、距離感を縮めるという機能に着目すれば、ポジティブポライトネスス

トラテジー(PPS)とみることができる。このような現象について、日本語と英語を対照して考察することが、本章のもう1つの目的である。

さらに、日本語と英語でのPSとして機能していると考え得るテンスの考察を進めることで、談話構造、文構造、言語景観の観点から、PSの現れ方には一定の普遍性がみられるという見方を提案する。

なお本章で用いる、テンス、時制という用語は、テンス形式、時制形式を指し、統語的・形態的な文法カテゴリーを示す。

8.2 NPSとしてのテンス

8.2.1 日本語におけるNPSとしてのテンス

例文(1)の「本日からご一泊でよろしかったでしょうか。」という表現が注視され始めたころは、様々な見解が提示されていた。劉(2011)は、2010年当時のこのような表現についての肯定的な論調と否定的な論調を網羅的に取り上げているが、そこではマニュアル敬語等から発生したとみる否定的見解や、丁寧化心理によるとする塩田(2002)による(比較的)肯定的見解について触れ、劉自身は完了形としてのタの使用として結論を導いている。

現在、「よろしかったでしょうか」でWEB検索すると、多くのHPがヒットするが、丁寧にしたいという意図で用いられる表現である、必ずしも誤用ではない、と説明されている場合が殆どである。2015年2月4日の日本経済新聞では、森山由紀子氏の見解として、以下の記事を掲載している。

敬語に詳しい同志社女子大学の森山由紀子教授によると「以上でよろしいでしょうか」が相手の判断を確認する表現なのに対して、「よろしかったでしょうか」は「(あなたの判断はもう聞いたはずだが)私の認識はこれで間違いないか」と自分側の事柄を確認する表現で、この表現の背景には相手への配慮がある。「よろしかったでしょうか」を「よろしいでしょうか」の誤りと断じることはできず、相手に直接YES・NOを迫るのを避けるという意味で「聞き手への気配りによって生じた表現」なのだという。

このように、現在では、「よろしかったでしょうか」のような過去時制の利用は、PS の 1 つとして広く認知されていると考えられる。
　繰り返しになるが、「よろしいでしょうか」と問いかけた場合、聴者は再度、提示された情報の正誤判断を行わねばならないが、「よろしかったでしょうか」と問うた場合は、話者の認識が正しいか正しくないかに答えるだけでよく、処理労力が減少し、それが丁寧な印象に繋がっていることになる。このような PS は、聴者への負担を軽減する、言い換えると聴者のフェイス侵害を軽減する働きを持つものと言え、NPS と分類できると思われる。
　上記の例は広く認知されつつあるテンスの PS としての用法であるが、例えば、相手への評価、相手の成果物、所有物等への評価を行う際、それがマイナス評価につながるものである場合にも、過去時制に変えることでポライトネスを操作していると考えられる例もみられる。

（3）　この部分は少し問題があるように思います／思いました。
（4）　再度検討してみてはどうかと感じます／感じました。

　このような例でも、「た」を用いた方がポライトネスは高まるように感じられる。これは、「思います」「考えます」「感じます」のような現在時制（日本語においては正確には非過去時制というべきものであるが、英語との対照という点から現在時制という用語を用いる。以後は日本語においてはル形と同義で使用する）を用いた場合は、発話時においても同様の考えであることを示し、過去にその感想を持った時から発話時まで継続してマイナスの評価を続けていることになるのに対し、過去時制を用いると過去の一時点の意見として述べるにとどまり、言語形式上は、発話時にどう考えているかを問うていないことになることによると思われる。
　これも、相手を批判する、否定するというフェイス侵害行為（FTA）の程度を軽減することを目的として用いられるもので、NPS と言えるであろう。
　これまで見たように、日本語においてはテンス形式が、相手のフェイス侵害を軽減するための NPS として用いられる事例が多いことがわかる。

8.2.2 英語における NPS としてのテンス

英語においても、日本語と同様に、過去時制を用いることでポライトネスが高まることが示されている。Quirk et al. (1985: 188) は、意思や心理状態を表す動詞 (verbs expressing volition or mental state) を過去形にすると、丁寧 (polite) な表現になるとし、以下の例を挙げている。

（5）a. Do/Did you want to see me now?
　　 b. I wonder/wondered if you could help us.

ここで言う「丁寧 (polite)」とは「かしこまった (formal)」と言い換えて良い。友人間の会話よりも、ビジネスの相手に使う話し方だからである。(5a) では助動詞 do が過去形になったというより、意思を表す動詞 want が過去形になったのを受け、疑問文で助動詞が did になっていると見るべきである。

Quirk et al. の記述と本章の関連では、この時制操作の対象になる動詞が意思や心理状態を表すものに収まる点が重要である。次に見る法助動詞と同じく、(5b) の wonder のように従属節の命題の外側に位置し、話者のモダリティに当たる部分の表現が時制操作の対象になっている。

Palmer (1990: 101) が述べるように、Can you tell me the name of the person concerned? より、Could you tell me ...? の方が丁寧な話し方になり、聴者への疑問文では can のような法助動詞を過去時制にするのが英語で最もスタンダードな丁寧表現である。このように疑問文の形式でも、相手に質問する意味がなく、むしろ間接的発話行為として相手に依頼する機能が慣習化した疑問文は、英語に特徴的なイディオムであり、それに伴う動詞・助動詞の過去時制の過去時を指す意味がない。むしろ、相手に距離を置き、話者の依頼を押し付けないという NPS の一環である。

また、村田 (1982) では、以下のような主張がなされている。

（6） The book tells you a lot about America.
（7） The book will tell you a lot about America.
（8） I hope you like it.

（9）　I hope you will like it.

相手に教える場合、現在時制の(6)は断定的で、未来的な(7)の方が相手の理解時に時制を合わせるため相手のチョイスを許す。反対にプレゼントを渡す場面では、(8)が自分と相手の時間が合ってすぐに包装を開ける効果があるが、(9)では、丁寧であっても、よそよそしい表現になるとする。
　いずれも、話者が聴者との距離を開ける効果がある点で、(7)と(9)のwillの用法はNPSと言えるであろう。
　さらに村田は、以下の例で(10)＜(11)＜(12)と進行形から過去形にすると、話者が自身の希望に固執しなくなるため、丁寧度が増すとする。

（10）　I hope you'll give us some advice.
（11）　I'm hoping you'll give us some advice.
（12）　I wondered you'd give us some advice.

ここから、英語の丁寧な話し方としての時制操作は、進行形やwillの用法も含まれ、現在から過去への一方向的なものではないことがわかる。ただし、次節で見るように、この種の時制操作は話者と聴者の接触（Contact）の共有率の調整という観点から整合的な説明が可能である。
　以上のように、英語においても日本語と類似したNPSとしてのテンスの使用が観察された。また、英語と日本語を比較した場合、過去形への時制操作の対象になる助動詞・動詞が意味的に一定の範囲に収まる点で、英語の方が、形式化（高度な慣習化）が進んでいると見ることができる。
　なお、この形式化という点については、「～する方がいい」と「～した方がいい」という表現の用いられ方から、日本語においても形式化が進んでいると考えられる可能性があるため、ここで少し触れておきたい。
　次のような例では、現在時制と過去時制のいずれも使用可能である。

（13）　明日は暖かい服装をする方がよさそうです
（14）　明日は暖かい服装をした方がよさそうです

この例は、NHK 放送文化研究所発行の「放送現場の疑問・視聴者の質問」から選んである。上述の書籍での回答は、「タは、あすの時点での「完了」を表していると考えられます。「完了」を表す言い方を使うことで、その確実性が強調され、話し手側の気持ちが伝わる言い方になるのでしょう。」というもので、話者の気持ちが伝わる丁寧な表現になるという説明である。この解釈ももちろん可能であろうが、これまで見たように過去時制を用いることで相手と心理的に遠くなり、間接性が増大するという点との関連性を重視すれば、ルを用いた方は意志的動作を強要する直接的でより強い表現として受け取られやすく、タを用いた方が完了した行為自体を提示するのみとなるため、フェイス侵害行為が軽減された、間接的でポライトネスの高い表現と受け取られるという解釈も成り立つのではないだろうか。

　また、実際の使用例を BCCWJ で文字列検索を行ってみると、「た方がいい」は 3,121 件、「る方がいい」は 162 件の用例がみられた。例文（13）（14）に見るように、文法的にはいずれの時制形式も使用可能である。にもかかわらず圧倒的に過去時制が用いられる場合が多い。

　本章では、この理由を、「た方がいい」の方が、相手に行動を指示するという FTA が軽減されるからであり、構文中の埋め込み部分でも過去時制を用いることでポライトネスが高まっているという見方を取りたい。このような現象からは、日本語においても、形式化（高度な慣習化）したテンスの用法も部分的であれ存在していると言える可能性がうかがえる。

8.3　PPS としてのテンス

　本節では、PPS として機能するテンスについて、英語の事例を基に検討し、その後、同様の現象が日本語にもあるか考えていくが、その前段階として、テンスがどこで操作されるか、という点を考えてみることとしたい。

8.3.1　テンスの操作はどこで行われるのか―接触 (Contact)

　Watts (2003) が主張するように、1 文を取り上げて、この文がポライトな言い方かどうかを議論することからは、実際の話者と聴者の関係は把握され

ない。ポライトネスの所在に関しては、むしろ、文脈の設定条件を明らかにすることが肝要である。

　これに関連して、先行研究の暗黙の了解では、疑問文や命令文など話者が聴者に接触（Contact）する発話の時制がポライトネスに関する操作の対象になるが、なぜ接触の文脈かという問題は文法では解決しない。ここで、接触という用語は、Jakobson（1960）の意味で使用されている。

　Jakobson（1960）は言語の 6 要素に、話者（Addressor）、共通の記号体系としての言語（Code）、聴者（Addressee）、言語の内容としてのメッセージ（Message）、文脈（Context）、接触（Contact）を取り上げている。接触とは「話し手と聞き手をつなぐ物理的または心理的な経路であり、これによって両者の意思疎通が可能になり、継続もできるもの "a physical channel and psychological connection between the addresser and the addressee, enabling both of them to enter and stay in communication"」と述べられている。最も基礎的な接触の例は話者と聴者がお互いの声が聞こえる距離を確保できる空間であり、電話や電子メールといった通信手段も接触に該当する。文字情報に関して言えば、タイトルは本の背表紙など書き手と読み手が最も共有しやすい位置にあり、接触の代表例と言える。

　配慮表現は、接触が形成される場面において特徴的である。配慮によって、相手との心理的な経路が形成され、意思疎通が継続されるからである。中でも時制は接触を直接反映する。話者と聴者が現実世界において、時間を共有した状況で接触する場合は現在時制を使い、時間の共有がない状況での接触では過去時制など非現在の時制を使う。ただし、話者が聴者との距離を調整するため、両者が共有する時間を表現上、増減させることが可能である。

　ことばの表現上、接触の共有率を減らすことで話者は聴者との距離を遠ざける。これは NPS の効果がある。反対に、現実世界では話者と聴者に距離が開いている状況についても、ことばの表現上、接触の共有率を増やすことで話者は聴者との距離を縮める。これは PPS の効果がある。

　日本語には敬語や丁寧語のように、動詞や名詞等の形態変化で話者が聴者との距離を文法的に調整する手段が豊富にあるが、英語では主に動詞・助動詞の時制が使われる。時制の区分は日本語より英語の方が細分化されてお

り、距離の調整もきめ細かく表すことができる。前節で見たとおり、話者のモダリティを表す部分で時制が操作されることには根拠がある。モダリティは対人関係の表現に含まれ、そこに接触が入っているからである。

タイトルの位置のように、接触が発現する環境は、文法上の語順だけでなく、Shohamy and Gorter (2009) が言う言語景観 (linguistic landscape) からも特定されるものである。つまり、タイトルは不特定多数の聴者・読者が接触することば (writing in display in the public sphere) であり、接触を表す手段として、動詞・助動詞に等しい時制操作を受け入れて当然である。以下では、記事のタイトルのテンスの働きを考えることとしたい。

8.3.2 英語における PPS としての現在時制

次の記事は、それぞれ、ギタリストの Eddie Van Halen、アメリカンフットボール選手 Keith McCants の訃報を知らせるものである。

これらの例にあるように、英語圏の報道の訃報のスタイルでは、タイトルは現在時制で、本文は過去時制になるのが一般的である。逆に、タイトルが過去時制で本文が現在時制という組み合わせは見当たらない。

また、スポーツの試合結果などでも、現在時制が用いられる場合が多い。

Step closer toward World Cup: Canada wins against Mexico

Canada took a big step toward qualifying for their first World Cup since 1980 after Cyle Larin's brace led them to a 2-1 win over rivals Mexico in frosty conditions in Edmonton on Tuesday.

まず、これらの見出しの現在時制は、書き手と読者の一体感を作り、悲しみや喜びをより強く共感することを目的としたPPSであると考えられる。現在の依頼でも過去時制で表すことにNPSとしての効果があることは既に8.2.2節で触れたが、その反対に、タイトルで過去の状況を現在時制で表すと、読者の現在の関心をつかむ効果がある。Brown & Levinson (1987) が述べた、過去時制により話者と聴者の距離感が増す、ということの逆方向の作用が現在時制によって生じているわけである。

このようなタイトルの現在時制は、歴史的現在や物語の地の文に生じて過去を表す現在時制とは使用環境が異なっている。記事のタイトルのみが現在時制となっている理由は、Jakobson (1960) が言う接触に特化した表現であるという、言語景観的な文章構成上の特徴に理由があると考えたい。

なお、以上の現象についていくつかの補足を行っておきたい。まずタイトルという形式に過去時でも現在時制で表すという文法があるわけではなく、これは文法の問題ではないと言える。また、対人配慮を（主に）表す箇所は、文法というより言語景観的な配置で決まると言え、タイトルは話し手のメッセージの中で相手に最も近い位置にあり、言語景観と相手との心理的距離の模倣関係 (iconicity) が成立する。

このように、本章では言語景観的な理由で、タイトルに時制形式としての対人配慮が表れていると見る。会話にはタイトルのような景観で区分された接触のことばがないが、相手と接触を取る箇所で対人配慮が表されるという点から考えると、会話の構成や文の構造の中にも対人配慮が現れやすい箇所がある可能性がある。

8.3.3　日本語における PPS としてのテンスの操作

　英語における記事のタイトル（見出し）に現在時制がよく用いられる現象について、PPS と位置付けられることが示された。以下では、日本語でも同様の現象が見られるのかについて検討する。

　日本語における記事のタイトルの研究として、野口（2002）、村上（1953）を見てみたい。野口（2002）では、日本語の記事の見出しを考察し、日本語の見出しの特徴は、名詞止め、助詞止めによる述部省略の多さであると述べている。また、村上（1953）は、記事の見出しとしてどのような表現が好ましいかを調査した。やや古い論文であるが、その後同様の研究がほとんどないため参照した。村上は、1952 年 11 月の朝日新聞、毎日新聞、読売新聞が共通して掲載した記事について、その見出しだけを切り抜いて男女各 20 名に見せ、最も好ましい見出し 1 つを選ぶという方法で、好まれる見出しはどのようなものかを考察した。そもそも見出し記事には名詞止めが多いため、村上は名詞止めとそれ以外とで比較するということはせず、情報をどのように提示するかという観点から考察しているが、結果を見る限りでは、名詞止めの方が好まれる傾向が見られた。村上の調査結果から主なものをいくつか示す。文の後の数字は好ましいと選択した人数であり、3 つの見出しから選択しているため、以下の抜粋例では合計が 20 にならない場合もある。

(15)　人騒がせな自殺未遂　高圧線に飛びつき停電や電車も不通：18
(16)　停電で国鉄止まる　人騒がせな青年感電自殺：0
(17)　通勤電車転覆　大津で六名が即死：18
(18)　死傷者卅名出す　工場専用列車が転覆：2
(19)　浅草に白昼ギャング　職員の機転でスピード検挙：11
(20)　信用金庫に短銃強盗　浅草で職員が追跡して捕う：2

　上記の見出しの調査結果では、いずれの例でも名詞止めの見出しが好ましいと考えられている。本調査は、名詞止めと動詞述語という対象群を人為的に作成して用いた調査ではなく、実際の新聞の見出しを用いたものであるため、名詞止め以外の要素が関わっている可能性は否定できない。ただし、こ

れらの研究から、日本語では名詞止めが多く見られ、また新聞の読者も名詞止めの見出しが好ましいと考えていた可能性が高いことは確かであろう。

　この点を Brown & Levinson (1987) の立場から見なおすと、名詞化は、ことばの形式性 (formality) を重視した NPS と捉えられそうである。つまり、日本語の見出しでは、書き手は読者との距離を取る NPS を用いることで、ポライトネスを高めていると考えられる。

　なお、日本語においても見出しで「基本方針決定」を「基本方針が決定した」という過去時制を用いることはまずありえず、名詞止めを用いない場合は「基本方針決まる」のように現在時制を用いることになる。このような現在時制の使用は、英語と同様に、過去の状況を現在時制で表すことで読者の現在の関心をつかむ効果に拠るものと考えられる。

　前節で見たとおり、英語の報道では特にスポーツ記事などで見出しは現在時制が多いが、Women's World Cup: Japan's remarkable 2011 Women's World Cup win in the aftermath of disaster（2019 年 6 月 4 日の CNN より）のように名詞句の見出しも、もちろん使われる。そのため、日本語でも英語でも見出しは形式的に名詞表現が基本であり、接触の文脈として現在時制の文に変換して読者に近づける工夫においても共通することになる。ただし、現在時制の使用範囲が両言語で違うわけである。

　本節の最後に、タイトルに現れるものではないが、日本語において PPS として用いられている可能性のある現在時制について触れておきたい。

　次の例では、過去時制を用いると中立的な表現となるが、過去時制と類似した事態を表す結果状態を表すテイル形を用いた場合、関係性が疎である相手に用いるとインポライトな表現となり、特定の仲間であると共通認識のある関係性の中で主に用いられる表現となるように思われる。

(21)　A：明日は 3 時集合だから遅れないでね。
　　　B：わかりました　/　わかってます
(22)　上司：資料いつ頃できる？
　　　部下：できました　/　できてます
　　　上司：さすが仕事が早いね。

上記は、テイルというアスペクト形式を用いることで話者と聴者の距離感を詰め、PPSとして機能している例と言えるだろう。過去時制ではなく現在時制を用いることで、英語と同様に距離を縮める働きをしていることになる。そのため、一定の心理的な近さの相手以外に使うことは難しく、不用意に使用するとインポライトネスとなることもある。以下は牧原（2002）で取り上げた例であるが、関係性が疎の相手に使いにくい場面である。

(23)　誘導係：13時からシンポジウムですので、10号教室にお願いします。
　　　参加者：?? わかっています。

　吉田（1999）は、テイル形の返答では副詞「もう」が共起する場合が多いことから、「もう」の情意性がインポライトとなる原因と説明しているが、「もう」の有無に関わりなく観察される現象でもあり、現在時制を用いることで相手との距離を詰めていることによるものと考える方が、より多くの事例を包括的に説明できるように思われる。なお、一般にシンポジウムの誘導係と参加者には心理的な近さが想定されないため、両者の距離感を保つ「わかりました」であれば、自然に用いることができることとなる。

8.4　対人配慮はどこに現れるのか

　8.3.2節において、言語景観的な理由で、タイトルに時制形式としての対人配慮が表れていると主張した。また、会話にはタイトルのような景観で区分された接触の部分がないが、相手と接触を取る箇所で対人配慮が表されるという点から考えると、会話の構成や文の構造の中にも対人配慮が現れやすい箇所があるという可能性に言及した。本節では、会話や文において対人配慮のPSがどこに現れるのかについて改めて考えてみたい。
　記事であれ会話であれ、ポライトネスが具現化されるのは端的に接触の表現、つまり、その開始と終了であるとすると、言語景観的な捉え方はできないにせよ、会話においてはその開始時やターンテイクの冒頭などの場面で頻繁にポライトネスが具現化される可能性がある。ここから、まず想起される

のは、会話では、例えば依頼の前に行う謝罪「申し訳ないのですが」や、相手への呼びかけ、ターンテイクにおける「すみません」などが PS として機能していることなどであろう。これを談話構造からみた対人配慮の出現位置とすると、文構造においても、「申し訳ありませんが、お水もらえますか」「その主張には問題があるように思われます」の「申し訳ありません」「思われます」などが対人配慮の出現位置になると考えられる。以下では、談話構造と文構造における対人配慮の PS の出現位置について考察する。

8.4.1　談話構造からみた対人配慮

　会話におけるタイトルに相当する部分はどこか、あえて探してみると、談話の構造というよりも、実は線形順序が重要である可能性がある。

　この点については、林（2013）の次の言及の関連性が高いと思われる。

　　　発話者が発話するまでに考えをめぐらした順序がどうであろうとも、発話行為の順序は必らず、位相、態度、言語の順序で実現されていく。そして、言語が消えてからも、態度は残り、位相は残る（林 2013: 94-95）

　林（2013）はポライトネス、配慮を念頭に置いて記述しているわけではないが、この指摘は非常に興味深い。次の文を参照されたい。

(24)　実はちょっとお願いがあるんですが、あのー、何とかひとつ、その品物を譲っていただくことはできないもんでしょうか。（中略）。ありがとうございました。とても欲しかった一品なので、とてもうれしいです。大切に使わせていただきます。

(24)では、冒頭の「実はちょっとお願いがあるんですが」が言語の一番外枠の伝達に対応する部分であり、これが記事のタイトルに該当するものであると考えられるが、ここに、依頼を行うにあたっての対人配慮に関わる表現が集約されて具現化している。さらに、会話の終結部にも、相手への感謝、

喜びの表現などPPSに関わる表現が繰り返し用いられている。

　林の考えでは、言語の内容を中心とする同心円が成立する。林が言う位相とは、誰にどこで、どの方法で言うかという状況設定のことであり、伝達と合わせJakobsonの接触に類した外周的なコミュニケーションの要素である。

(25)

　英語でも、会話の冒頭部分と終結部に対人配慮に関わる表現が位置することが観察される。文内でpleaseがどこに配置されるか考えてみよう。

　Woods (2021) によると、Can you open the window? はあいまいで、純粋質問か、間接的発話行為として依頼の発話かで2通りに読める。だが、pleaseを前置した(26a)は依頼の読みしかない。一方、質問の読みしかない(26b)はpleaseの前置を許さない。

(26) a.　Please can you open the window?
　　 b.　Can you open the window or not?
　　 c.　*Please can you open the window or not?

このようなデータを基に、Woodsは、pleaseは文の上層に位置し、統語的に発語内行為をマークすると論じている。

　また、中右 (1994: 66) は、以下の例のように文中のpleaseについて、「pleaseの生ずる位置はモダリティと命題内容の両極を二分する境目である」とし、pleaseはモダリティ領域に属すと論じている。以下の例のMはモダリティ、Pは命題の略記である。

(27) a.　[M Won't you please] [P open the window]?
　　 b.　[M It would help me a lot if you could please] [P open the door].

中右の考えは、Please come. のような命令文に前置するpleaseが基本にあり、

上例のように形式的には従属節の中にあっても、主節から当該 please までが一体化したモダリティ表現をなすことになる。言い換えると、中右の考えでは文中の please も、その位置までが文頭要素になる。Woods も文中の please を文頭の please と同種と見ている。

　もっとも Woods が言うとおり、I'll have a beer please. のように please は文末にも生じ、Woods は文末の please は別扱いにしている。

　しかし、(25)の同心円に従い、位相と伝達というコミュニケーションの外周部で相手と接触する位置で please が使われると考えると、文頭、モダリティ表現、文末の各位置に please が生じるのは当然の結果である。

　記事の場合は書き手から読み手への一方向の情報伝達であるため接触は冒頭の見出しとなるが、会話の場合は双方向のやり取りであるため、冒頭部と終結部が接触を行う部分となっている可能性がある。

8.4.2. 文構造からみた対人配慮

　会話における対人配慮に関わる PS は、その冒頭部分と終結部分に現れることを見た。では、文構造として見た場合はどうであろうか。

　(26)と(27)で見たとおり、対人配慮をマークする please は文の外周部に生じるため、文頭や文末に対人配慮用の枠があると見ても良い。このような外周部の枠に入る成分は、疑問文を表す文頭の助動詞や、文末で疑問を表す上昇イントネーションと考えられる。英語では、依頼を伝えるのに疑問文の形式が慣習化しており、その文頭の助動詞に過去形を用いて「心理的に遠」であることを示す用法が形式化されていると見て妥当なようである。

　日本語では、文末の構造として、「食べていたようですね」のように、テンス→ムード 1（モダリティ形式）→ムード 2（終助詞）となる。さらに、野田 (1983) が指摘するように、日本語の統語構造では、文中の副詞的成分は述語の構造と鏡像関係にある。例えば以下のような現象である。

(28)　ねえ、どうやら、きのう、田中さんは行ったようだよ。

この文では、文末の述語部分では「行ったようだよ」と、テンス「た」→ム

ード1「ようだ」→ムード2「よ」という配列となるが、文頭に現れる成分は、「ねえ」⇒（この矢印は相関するという意味で用いる）「よ」、「どうやら」⇒「らしい」、「きのう」⇒「た」と、文末の成分の配列の逆の順序で配列され、鏡像に映したかのような形になるというものである。

　このような統語的な特徴と、8.4.1節の談話におけるPSの現れやすい位置とを重ね合わせると、文頭と文末に位置するムードが最もPSとして機能する可能性が高いという推測が成り立つ。事実、実際の文を観察してみても、「〜と言えるのではないでしょうか」「〜していただけないでしょうか」などの何らかのFTAを緩和するために用いられる定型的な表現は、文末に多く見られる。また、それらの文末成分と相関する副詞的成分は「よくわからないのですが…〜と言えるのではないでしょうか」「申し訳ないのですが…〜していただけないでしょうか」のように文頭に位置する。

　日本語では、文頭及び文末に位置するムードが、対人配慮に関与して形式化されやすく、その内側に位置するテンスは、本来の時制的意味を残しつつ、副次的にポライトネスに影響を与えることになったと考えられる。

　日英両言語において、単文、複文、重文といった文の種類に応じて成分の配置は違うが、文法的な配置の違いを超えて、対人配慮の成分が発話や表現の外周部に偏る理由は、(25)の同心円が作用しているからと見て良い。

8.5　まとめと課題

　ここまで、日本語と英語で対人配慮の機能を持つと考えられるテンスを取り上げ、それらを対照しつつ、その形式化の程度、対人配慮に関わる表現の出現位置などについて検討してきた。以下に本章の主張をまとめておく。

①日本語では、テンスとしての本来の文法的な意味を残しつつ、そこから派生したポライトネスに関連した用法が、一般的に観察される。
②英語では、テンスとしての文法的な意味は既に喪失し、形式化（高度に慣習化）され、法助動詞に過去形を用いることによってポライトネスを高めることが一般的である。

③日本語でも形式化した例はあり、英語にもテンスの文法的意味を残しながら、ポライトネスに関わる用例も見られる。これは、言語によって、ポライトネスに関わるテンスがどの程度形式化しているかという違いである。
④現在形の PPS としての機能は、英語にも日本語にも観察されるが、使用環境は異なる。
⑤日本語においても英語においても、PS が出現する場所は、会話・統語構造における線形順序と関連している可能性がある。PS としてのテンスもその影響下にあることが予測される。
⑥日本語、英語のポライトネスに関わるテンスの選択は、「時制を形式的に過去形に変えると、相手から心理的に遠くなる」「時制を形式的に非過去形に変えると、相手と心理的に近くなる」という点で共通性を持つ。

　最後に、今後の課題を記しておきたい。英語の時制の用法は、文が表す状況の繰り返しの有無を考慮する必要がある。8.3 節で見たような現在時制は、過去 1 回の状況を表すのに現在形を使うことで、当該の状況と読者を近づける効果がある。逆に、Don't smoke here. のように繰り返し起こる状況について現在形を使うと、どの関係者にも等距離をおく表現になり、相手との関与を控える NPS としての名詞表現―日本語で言えば、「構内禁煙」に近い表現―になると考えられる。このような現在時制の PPS と NPS の 2 面性は、稿を改めて議論したい。
　以上のように、日英両言語でテンスがポライトネスに関与していることが確認され、英語の方が形式化が進んでおり、その原因として文構造の差が影響している可能性があること、また文、会話、言語景観のいずれにも接触に関わる部分であることなどを示すことができた。しかしながら、現在でも両言語のテンスの対人配慮機能を記述し尽くすところには至っておらず、この点については今後改めて取り組むことができればと考えている。

参考文献
塩田雄大（2002）「「よろしかったでしょうか」はよろしくないか―平成 13 年度（後半）ことばのゆれ全国調査から（1）―」『放送研究と調査』52-3: pp.64-87. NHK 放

送文化研究所
中右実(1994)『認知意味論の原理』大修館書店
野口崇子(2002)「「見出し」の"文法"—解読への手引きと諸問題」『講座日本語教育』38: pp.94-124. 早稲田大学日本語研究教育センター
野田尚史(1983)「日本語とスペイン語の語順」『大阪外国語大学学報』62: pp.37-53. 大阪外国語大学
林四郎(2013)『基本文型の研究』ひつじ書房
牧原功(2002)「テンス・アスペクトの情報伝達機能」『群馬大学留学生センター論集』2: pp.1-11. 群馬大学
村上元彦(1953)「見出しの文章:実験的新聞研究の一つの試み」『新聞学評論』2: pp.108-131. 日本マス・コミュニケーション学会
村田勇三郎(1982)『機能英文法』大修館書店
吉田妙子(1999)「副詞「もう」が呼び起こす情意性」『日本語教育』101: pp. 61-70. 日本語教育学会
劉志偉(2011)「「よろしかったでしょうか」は誤用なのか」『歴史文化社会論講座紀要』8: pp.21-30. 京都大学
Brown, Penelope and Stephen C. Levinson (1987) *Politeness: Some Universals in Language Usage*, Cambridge: Cambridge University Press.
Jakobson, Roman (1960) "Linguistics and Poetics," In Thomas A. Sebeok (ed.) *Style in Language*, pp. 350-377, Cambridge, MA: MIT Press.
Palmer, Frank R. (1990) *Modality and the English Modals*, 2nd ed., London: Longman.
Quirk, Randolph, Sidney Greenbaum, Geoffrey Leech and Jan Svartvik (1985) *A Comprehensive Grammar of the English Language*, London: Longman.
Shohamy, Elana and Durk Gorter (eds.) (2009) *Linguistic Landscape: Expanding the Scenery*, New York: Routledge.
Watts, Richard J. (2003) *Politeness*, Cambridge: Cambridge University Press.
Woods, Rebecca (2021) "Towards a Model of the Syntax–Discourse Interface: A Syntactic Analysis of *please*," *English Language & Linguistics* 25 (1), pp. 121-153.

参考資料
日本経済新聞　2015 年 2 月 4 日版

第 9 章　マイナス評価の配慮表現に関する日中対照

李奇楠・山岡政紀

9.1　はじめに

　評価とは、物事の美醜、利害、善悪などについて考え、論じ、その価値を判断して述べる発話行為である。評価はプラス評価であれマイナス評価であれ、評価という行為それ自体が話者を評価者という権威を要する位置に置くことになるため他者のフェイスを脅かす可能性があるフェイス侵害行為（FTA）である。

　そのうえでマイナス評価は評価行為そのものの FTA のみならず、評価内容もまた他者のフェイスを脅かす FTA であるため、それを補償するため配慮表現のポライトネス機能が求められる。特に聴者を評価対象としてマイナス評価を行う《非難》においては緩和機能をもった配慮表現が使用されることが多い。

　本章では、マイナス評価のポライトネスが慣習化した配慮表現について、日中両言語を対照しながら、それぞれの形態特徴や意味構造を考察し、共通点と相違点の分析を通して、両言語におけるマイナス評価の配慮表現の語用論的特徴を考える。

9.2　ポライトネスとマイナス評価

9.2.1　発話機能としての《評価》の位置づけ

　サールの発話行為論では発語内行為を 5 つに分類しているが、評価は世界

の事象を記述する行為であるから、そのうちの「演述」(Assertives)に含まれる（表1）。山岡の発話機能の5分類はサールの発語内行為の分類を応用したもので範疇を異にする部分もあるが、{演述}(Assertives)については共通しており、評価がここに含まれる点は同じである（表2）。

ただし、サールの場合は構文の型を発語内行為の認定基準の1つとしているため、型通りの直接的発話行為と言外の意味による間接的発話行為とを区別するが、発話機能論においては聴者に対して発動する最終的な対人的機能において範疇を認定するため、構文上の型に関わりなく、結果的に評価の効力を持つ発話は{演述}と見なす。逆に言うと、発話機能が同じであってもその発話の表現形式が多岐にわたる可能性がある。

表1 サールの発語内行為(illocutionary act)の5分類(Searle 1979: 12-20 より)

分類	発語内目的	範疇の例
演述(Assertives)	事実に関する命題が真であることに話者が責任を負うこと	陳述、主張、結論、評価
対動(Directives)	聞き手にある行為を行わせようとすること	依頼、命令、助言、懇願
自告(Commissives)	話し手がある行為を行うことについて自ら責任を負うこと	約束、脅迫、提供、協力
宣言(Declarations)	ある対象の地位や状態について何らかの変化をもたらすこと	命名、賭け、任命、譲渡
表出(Expressives)	話し手の心理状態を表現すること	感謝、祝福、謝罪、賞賛

表 2　山岡の発話機能の 5 分類（山岡他 2018: 113 より）

分類	定義	範疇の例
{策動}（Deontics）	参与者の行為に対する制御機能	《命令》・《服従》、《依頼》・《協力》
{宣言}（Declarations）	世界の現象を変化させる遂行機能	《承認》、《拒否》、《判定》、《任命》
{演述}（Assertives）	世界の現象に関する記述機能	《陳述》、《主張》、《報告》、《評価》
{表出}（Expressives）	発話者の心情に関する遂行機能	《感謝》、《謝罪》、《祝福》、《激励》
{形成}（Formations）	会話を形成するメタ的機能	《挨拶》、《交話》、《注意要求》

　ここで《評価》を、人物、生物、具象、抽象を含むあらゆる事物に対して、美醜、利害、善悪などの観点から価値判断を行う発話機能と定義する。

9.2.2　対者評価としての《賞賛》と《非難》

　次に、評価対象が誰（何）であるかによって、その発話機能の性質が異なることにも留意しなければならない。例えば敬語の場合、話者から見て話題中の人物・事物との人間関係を対象とする敬語を素材敬語（referent honorifics）とし、聴者（addressee）[1]との人間関係を対象とする敬語を対者敬語（addressee honorifics）として区分する考え方がポライトネス理論においても示されている（B&L 1987: 180）。それによって敬語の機能も表現形式も異なるからである。評価についてもこれと同様の区分が可能である。聴者に対する直接的な評価は聴者のフェイスに対する侵害の度合いが大きいからである。

　そこで、《評価》は話題中の一般対象に対する素材評価（referent evaluation）に限定し、その下位分類としてプラスの評価を行う《＋評価》とマイナスの評価を行う《－評価》とに区分する。次に、対人関係に最も強く影響する対者評価（addressee evaluation）を《評価》とは別範疇とし、聴者に対してプラス評価を行う《賞賛》と、聴者に対してマイナス評価を行う《非

難》とに区分する。

さらに、話者自身に対してプラス評価を行う《自賛》と話者自身に対してマイナス評価を行う《自虐》もまた対人関係上は全く異なる効果を持つ自者評価として分けておく必要がある。この関係性を整理すると表3となる。

表3　評価対象による発話機能の異なり

	評価対象	プラス評価	マイナス評価
素材評価	一般	《評価》	
		《＋評価》	《－評価》
対者評価	聴者	《賞賛》	《非難》
自者評価	話者	《自賛》	《自虐》

リーチのポライトネスの原理(politeness principle)には《賞賛》と《非難》とに関わる2つの原則が示されている(Leech 1983: 132)。

是認の原則(approbation maxim)
　(a)他者への非難を最小限にせよ　(b)他者への賞賛を最大限にせよ
謙遜の原則(modesty maxim)
　(a)自己への賞賛を最小限にせよ　(b)自己への非難を最大限にせよ

リーチはこの原則中の他者(other)について、「典型的には聞き手と同一のもの」としたうえで、第三者が話し手や聞き手の勢力圏に属していると感じられるかどうかによって第三者にも適用されるとしている。

公開の場所での発言や公開された文章においてある人物を評価した場合、多数者である聴者のなかに評価対象が含まれていることになり、その発話は《賞賛》・《非難》に該当する。また、評価対象が聴者に含まれていない場合でも、よく知られた人気タレントや政治家に対する《評価》はそのファンや支持者に対する間接的な《賞賛》・《非難》となり得る。さらに、《－評価》は何かしらの評価者の痛み、怒り、不快、幻滅、失望などの否定的な感情の

表出が聴者の否定的な感情を刺激するという意味で、対者的な勢力圏に関与する。以上の観点から本章では素材評価としての《－評価》もフェイス侵害の観点から言えば《非難》と連続しており、その補償としてのポライトネスを誘引すると考える。本章では、素材評価と対者評価のそれぞれについて考察を行い、両者を含む場合は一括してプラス評価、マイナス評価として言及することにする。

9.2.3 インポライトネスとマイナス評価

ところで、マイナス評価の発話は聴者のフェイスを攻撃する意図を持ったインポライトネスとして記述できるものもある。ポライトネス理論では、人は誰もが自分と他者のフェイスを尊重しようとすることを前提にしており、その前提をもとに、必要に迫られてやむを得ずフェイスを侵害する行為（FTA）に対して、そのことへの補償としてポライトネスが機能するという力学的な相即関係を説明している。しかし、実際のコミュニケーションにおいては必ずしもその前提が当てはまらず、他者のフェイスに意図的に攻撃をしかける、あるいは圧力を加える脅迫、侮辱、嫌み、恩着せなどの行為が数多く存在しており、その場合はポライトネスとは逆の対人的態度であるインポライトネスとして記述される。

インポライトネスの機能を帯びるのはマイナス評価だけとは限らない。対者評価のプラス評価である《賞賛》も、皮肉やマウンティングの意図を持った文脈で発話されればインポライトネスとなる。今日、権力構造上の上位の者が部下の容姿を《賞賛》することはハラスメントに当たるとされるが、これもある種のインポライトネスである。これらのインポライトネスについてはCulpeper (2011) をはじめとする詳細な研究がある。

さて、ポライトネスが慣習化して配慮表現となるのと同様に、インポライトネスもLeech (1983) の説に従えば、語用論的現象である以上、慣習化するはずである。本章では仮説としてインポライトネスの慣習的表現を「攻撃表現」と呼ぶことにする。

本章ではマイナス評価の表現が配慮表現を含んで慣習化していると判断される場合、それは結果として攻撃表現となっていると考える。攻撃表現のな

かに配慮表現が含まれているというのは矛盾のようにも見えるが、フェイス侵害が最大限にならないよう抑制するために配慮表現が用いられ、そして抑制された形での意図的フェイス侵害が慣習化していると考えれば、「配慮を含む攻撃表現」の存在も合理的に説明できる。本章では試論として攻撃表現と見られるものを指摘することにする。

以上を踏まえて、マイナス評価の発話ではどのような表現形式が使われるか、それを補償するためのポライトネス機能を持った配慮表現が使われるのかどうか、使われるとすればどのような表現形式が使われるか、その語彙構文スタイルにどのような意味特徴があるか、以上の観点で日中両言語の対照を通して考察してまいりたい。

9.3 プラス評価とマイナス評価

(1)の下線部a～eは、お酒のCMに関する賛否両論の評価を狭いSNSの範囲で述べたもので、対象者に伝えることを意図しない素材評価である（下線と記号は本章の筆者による。以下、同じ）。

(1)　女優の松本まりか(36)が口ずさむ「鏡月焼酎ハイ」のCMがネット上で炎上している。同CMは今月2日からオンエア。夜の街をバックに、松本が大きなグラスで鏡月を飲み「はじめてのチュウ」をはにかみながら歌っている。
　一見すると、何の問題もないように思えるが、ネット上では賛否両論。「aかわいい」「b癒される」といった声の一方で「cなんかイラッとする」「dあざとく見えて不快」「eボイトレから出直せ」とブーイングも飛んでいる。
　ユーチューブにあるサントリー公式チャンネルで同動画は18万回以上再生され、高評価約1000に対して低評価約900と拮抗。この手のCMでここまで低評価が押されるのは珍しい。
　2019年の"吉本闇営業問題"で自虐ツイートが話題となったピン芸人のキートンもこのCMに反応。自身のツイッターで「f鏡月の歌うCM超気持ち悪いな。歌ってる人も気持ち悪いし、あれを可愛いって言う人も気持ち悪いし、男はああいう女が好きなんだろ？って安易な考えが一番気持ち悪い。g私、ストレス溜まってます

な」と辛口コメントを残した。　　　　　　　　　　　（Yahoo ニュースより）

　下線部 a、b は《＋評価》で、下線部 c 〜 e は《−評価》である。対応する中国語を併記したものを以下に示す。

（1a）「かわいい（可爱）」《＋評価》
（1b）「癒される（被治愈了）」《＋評価》
（1c）「なんかイラッとする（让人觉得烦）」《−評価》
（1d）「あざとく見えて不快（看上去特虚伪令人不快）」《−評価》
（1e）「ボイトレから出直せ（练好发音再出来）」《−評価》

　（1a）（1b）は《＋評価》であり、日本語に対応する中国語の表現も品詞としては（1a）の形容詞"可爱"と（1b）の動詞"治愈"が使われている。（1c）（1d）（1e）は《−評価》であり、（1c）（1e）の動詞文（命令形も含める）にしても（1d）のナ形容詞文にしても、話し手の《感情表出》であり、かなりストレートな《−評価》の発話と言える。（1c）（1d）の中国語の表現は日本語と違い、使役マーカーが多く使用される。これは、より客観的なスル表現だと言える。（1e）の「ボイトレから出直せ（练好发音再出来）」は、日本語では動詞命令形となっているが、中国語の場合は動詞の裸の形がそのまま使われる。言語類型論的に言えば、膠着語の日本語には動詞に活用形があり、文体のスタイルに関してもデスマス体、ダ体、デアル体の区別があるが、孤立語の中国語にはそれがない。この異なりは顕著である。
　（2）は文学賞の選考委員が直接受賞者に評価を伝える対者評価で、下線部 a、b ともプラス評価の《賞賛》である。それぞれの意味に対応する中国語の表現を（2a）（2b）に併記する。

（2）　NEWS 加藤シゲアキ　吉川英治文学新人賞受賞
　　　　吉川英治文学賞選考委員を務めた作家重松清氏（57）が会場で講評を担当。「オルタネート」について「ₐ非常に清らかで新しくて、言ってみれば爽やか」と語った。ほかの選考委員の評価も紹介。「ᵦ青春のもやもやしたものをよく描けている」と語

ったという。

　選考は接戦だった。委員は重松、伊集院静、大沢在昌、恩田陸、京極夏彦の5氏で、約2時間協議。決選投票には受賞2作と、野崎まど氏の「タイタン」の3作が残った。

　決選投票では選考委員が各自1作品ごとに○△×で評価して受賞作を選出した。

（スポニチアネックス、2021年3月3日）

(2a) 　非常に清らかで新しくて、言ってみれば爽やか（非常清新、新颖、格外清爽）

(2b) 　青春のもやもやしたものをよく描けている（很好地描写出青春的朦胧）

　(2a)(2b)のようなプラス評価の表現では、(2b)のような語順においては動詞述語を文末に置く日本語と、動詞述語を文頭（目的語の名詞の前）に置く中国語の表現との違いがあるが、品詞の性質や意味構造の観点で基本的に日中共通していると言える。

　(3)は下線部 a が《非難》であり、その意味に対応する中国語の表現を併記したものが(3a)である。

(3)　加藤勝信官房長官は16日、北海道アイヌ協会の大川勝理事長と首相官邸で面会した。

　大川氏は日本テレビの情報番組内でアイヌ民族に対する差別的な表現があったとして何らかの対応を取るよう要請。加藤氏は「ₐアイヌの人々を傷つける極めて不適切な放送だ」と指摘し、放送当日の12日に厳重に抗議したと伝えた。また、再発防止策を関係省庁で検討する方針を示した。　　　　　（Yahooニュースより）

(3a) 　アイヌの人々を傷つける極めて不適切な放送だ（伤害阿伊努人的极其不恰当的广播）

　この場合、「傷つける」（伤害）と「不適切な」（不恰当的）が日中双方においてマイナス評価の慣習的表現が用いられている。

　(4)では「評価する」（プラス評価）と「評価しない」（マイナス評価）という評価のプロトタイプとなる遂行表現が用いられている。

(4)　新型コロナウイルスの変異株「オミクロン株」に対する政府の水際対策は高い支持

を集めた。読売新聞社が 3 〜 5 日に実施した全国世論調査で、全世界からの外国人の新規入国を停止したことについて聞くと、「評価する」が 89％に達した。「評価しない」は 8％だった。　　　　　　　　　　　　　　　　（Yahoo ニュースより）

　このような遂行表現に対応する中国語には、名詞の"好评"（プラス評価）、"差评"（マイナス評価）が用いられる。(5)はそれが用いられた実例である。

(5)

(5)はデリバリーサービスに関する評価の選択画面であり、届いた商品に関して消費者は"好评"（評価する）か"差评"（評価しない）のいずれかを二者択一で選ぶことができる。配送サービスと商品の品質に関しては、星印を 1 つから 5 つまで選択でき、画面下の 11 段階のランキングは、同サービスを他者に薦めるかという質問に対する回答の選択肢である。最右端の 10 は"非常愿意"（とても薦めたい）、最左端の 0 は"完全不愿意"（まったく薦めたくない）で、評価度を数値化できるように設定している。

9.4 《非難》における配慮表現

9.4.1 《非難》に対する緩和表現のいろいろ

　B&L のポライトネス理論や山岡編（2019）などによると、FTA（相手のフェイスを脅かす発話行為）の遂行に際しては、ポライトネス機能を帯びた配慮表現が使われる傾向がある。対者評価である《非難》は聴者に直接マイナス評価を与える点で聴者のフェイスを脅かす典型的な FTA であるため、配慮表現が多く使用される。ここでは、日中両言語においてどのような配慮表現やポライトネスストラテジーが使われているかについて考察したい。

　前述の(1)では後半に芸人が公開ツイートで CM とその出演者を《非難》する箇所がある。その直後に自己へのマイナス評価である《自虐》が述べられている。関連の部分を(1')として再掲する。《自虐》の箇所を波線にて示す。

(1')　2019 年の"吉本闇営業問題"で自虐ツイートが話題となったピン芸人のキートンもこのCMに反応。自身のツイッターで「f鏡月の歌うCM超気持ち悪いな。歌ってる人も気持ち悪いし、あれを可愛いって言う人も気持ち悪いし、男はああいう女が好きなんだろ？って安易な考えが一番気持ち悪い。g私、ストレス溜まってますな」と辛口コメントを残した。

(1g)　私、ストレス溜まってますな（我圧力山大啊）

　これは直前の《非難》がかなり辛辣で、しかもその矛先が CM の出演者のみならず視聴者（ツイッターの読者）にまで向けられており、聴者のフェイスを直接脅かしている。そこで、その《非難》の原因が話者自身のストレスに起因するという《自虐》を述べることで、聴者へのフェイス侵害を幾分かは相殺しようとしているわけである。ある種の緩和表現と言える。(1f)の文体がすべて普通体であるのに、(1g)のみ丁寧体になっているのも自分の位置を低くして譲歩する意思表示である。

　《非難》を緩和するための慣習化した表現においては日本語と中国語で配慮の度合いが異なる場合があり、注意が必要である。(6)の a, b は話者（前

東京都知事)が東京都への《非難》を公開の SNS に発信したものである。

(6) 1都3県に発令中の緊急事態宣言を21日に解除する方向で調整していると「産経新聞」が報じた。週明け以降の感染状況を見極めた上で、18日にコロナ対策本部を開いて決定するという。ただし、その理由は〝うしろ向き〟だ。13日の東京都の新規感染数は330人で、4日連続で300人超え。感染力が強いとされる変異株は全国的に広がりをみせている。宣言解除まで待てず、主要駅周辺や繁華街では若者の姿も多く目にするようになった。(中略)

これに前東京都知事の舛添要一氏は13日、ツイッターを更新。「a 呆れるほど無責任な態度だ。b 再延長に際しても、検査、特に変異株検査の徹底などの方策を講じていないではないか」と苦言を呈している。　　　　　　　(Yahoo ニュースより)

(6b)に用いられている日本語の否定疑問構文「〜ではないか(じゃないか)」について、安達(1999)では文脈によって①通常の否定疑問、②知識の活性化、③強調(非難)などの用法があるとしている。(6b)の場合は③に当たり、直前の(6a)の《非難》に追い打ちをかけ、断定を強めて相手を《非難》する表現となっている。一方、これに対して当てられた中国語の翻訳は「再次延长时，不是也没有采取检查、特别是彻底检查变异株的措施吗？」となっていた。ここで用いられた中国語の否定疑問構文"不是〜吗？"は断定を弱めるヘッジ(ぼかし)の機能があり、翻訳としては正確な訳ではないことになる。これは、中国語話者は(6b)を前文の(6a)の断定を緩和する配慮表現として捉える傾向があることを意味する。

一方、(7)は中根千枝氏の『適応の条件』にある用例である。

(7) よくきかれるのは、「国内にはまだまだ困っている人たちがいる。たくさんの予算を必要とする問題が山積している。外国の連中を助けるよりも、まず国内を充実すべきである」という意見である。あるいは、「インドなど援助してやっても、少しも感謝しない。そんな国には援助する必要などないじゃないか」という批判である。(经常能听到这种意见："国内尚有人境遇不佳，需要开支的地方多得很。与其帮助外国建设，莫如先把国内的事情办好。"甚至有人直言不讳地说："援助印度这样的

国家是出力不討好，没必要援助。"）　　　（適応の条件（原文）适应的条件（訳文）[2]

　下線部の「～じゃないか」も前述の③の用法に当たる《非難》であるが、中国語訳では否定疑問構文 "不是～吗？" ではなく、"没必要援助那样的国家(吧)" という強い主張を表す構文が用いられている。この場合、原文の意を汲んで意訳を行ったものと考えられる。
　（8）の下線部 a, b, c は先輩・秋元康氏から後輩・小室哲哉氏が作った曲に対する直接的な《非難》（ダメ出し）である。

（8）秋元氏からはダメ出しの連続で、「久しぶりに非常に厳しかったね」と明かした。最初に作った3曲では「ₐまだちょっと久しぶりだから慣れてないよね？」、さらに2曲送ると「ᵦちょっと難しいかな？もっと小室君っぽくていいけどなあ」との返答だったという。「6曲目、『 ₒなかなか良くなってきたんじゃない？』って。そっか、ダメか…」。なかなか OK が出ず、開き直って「ベタでいいか」と作った7曲目が、小室メロディーさく裂の「Route246」として乃木坂46のシングル表題になった。「『いいんじゃないの？』どころではなく『これでいきます』って」と、OK が出た瞬間を振り返った。

小室哲哉　音楽活動再開に秋元康氏からの猛ダメ出し…6曲ボツ「非常に厳しかった」
（スポーツニッポン、2021年3月15日）

(8a)　まだちょっと久しぶりだから慣れてないよね？
(8b)　ちょっと難しいかな？もっと小室君っぽくていいけどなあ
(8c)　なかなか良くなってきたんじゃない？

　(8a)では副詞「まだ」「ちょっと」、「～だから」の原因節、疑問構文、終助詞「よね」の使用、(8b)では、副詞「ちょっと」、疑問構文、言いさし「～けど」の使用が《非難》を緩和する配慮表現と認められる。(8c)は副詞「なかなか」やプラス評価の「良くなってきた」など、《賞賛》の配慮表現が含まれているが、まだ合格点とは認められず依然として《非難》であると受け止められている。これらの話者・秋元氏は普通体を用いているが、相手の小室氏は秋元氏に対して丁寧体を用いており、両者が上下関係にあることを表

している。この上下関係は単に先輩・後輩の関係であるだけでなく、指導・評価をする側とされる側の関係性の表現でもある。

(8a)～(8c)の3つの発話に関して、筆者・李が担当する大学の授業を受講する中国人学生32名に、文脈を理解した上でそれぞれの発話の中国語の表現を書いてもらった。

表4は(8a)に対する翻訳の回答から10件を抽出したものである。ゴシックの部分は《非難》に対する中国語の配慮表現に当たる部分である。

表4「まだちょっと久しぶりだから慣れてないよね？」の翻訳調査より

太久没有创作，**还不太**习惯**吧**！
太久没接触了，**有点**不习惯**吧**？
好久没这样了**所以还**不习惯**吧**？
"你很久没作曲了，**所以还**不习惯，没找回感觉**吧**。"
是不是太久没做了**还没**习惯？
好久不作曲了，**还有点**没感觉**吧**？
有段时间没作曲了 **有点**不习惯**吧**？
因为太久不碰了**所以不太**习惯了**是吗**？
还有段时间不能见面，**有点不太**适应**吧**？
"距离上次接触有一段时间了，**所以你还**不习惯，**对吗**？"

本データをまとめると、副詞の使用については、「ちょっと」と"有点"、「まだ」と"还"との対応が見られるが、原因節「～だから」について中国語の原因節"所以 or 因为"などの使用は11名で全体の32名の半分以下だった。終助詞「よね？」の使用は、中国語では"吧？"が多く見られた。「よね」は2個の終助詞「よ＋ね」の結合であるが、中国語の語気助詞は一個しか使えない。ここでは配慮機能は同じだが、形態的には不均衡である。

表5は(8b)に対応する翻訳の回答から10件を抽出したものである。

表5 「ちょっと難しいかな？もっと小室君っぽくていいけどなあ」の翻訳調査より

对你来说**有点**难**啊**！要是**更**稍微像你自己些**就好了**。
有点难**吧**，我希望你能做出你的风格。
是不是有点难？**更**像小室君的风格的话**就好了**。
"**还是有点**难吗？要是**更**有你的风格**就好了**"
是不是有点难，要是**更**有小室的风格**就好**。
有点难做**吧**，**再**拿出点你的风格**就好了**。
是不是有点难 希望**更**有小室君风格一些。
有点难**吧**？要是能像之前的小室那样**就好了**。
是不是有点难**了**？**再**像小室的做法**一点**会好些吧。
"**有点**困难**是**吗？**更**像小室君**就好啦**。"

副詞「もっと」と中国語の"更"、疑問文の「〜かな？」と中国語の"吧？"が対応しているが、言いさし「〜けど」の使用に関しては、これに対応する中国語の表現は見つからなかったようだ。

表6は(8c)に対応する翻訳の回答から10件を抽出したものである。

表6 「なかなか良くなってきたんじゃない？」の翻訳調査より

写的**越来越**好了**不是吗**！
越来越好了**不是吗**？
这**不是越来越**好了**吗**？
"你这**不是越**写**越**好了**嘛**！"
这**不是**渐渐变好了**吗**？
写得**越来越**不错**啦**。
越来越好了**嘛**。
这**不是**做的挺好**吗**
这**不是**好多了**吗**？
"**越来越**好了**是**吗？"

ここで用いられている「～んじゃないか」は「～のではないか」の縮約形で、「～ではないか」と機能が異なり、話者の判断を不確かな事実として述べるもので、疑問文としての問いかけ性は弱いとされている（安達1999）。つまり、「なかなか良くなってきた」というプラス評価を、断定を弱めて述べることで合格点にまでは至っていない（依然としてマイナス評価の範囲内である）ことを暗示している。中国語の否定疑問構文"不是～吗？"は日本語の「～ではないか」と「～のではないか」の違いを表現し分ける形式を持たないが、もともと叙述を緩和する機能があることから、この場合の「～のではないか」のニュアンスに近い的確な表現となっている。

　このように表4～6を改めて総括的に見ると、日本語の配慮表現に対応する中国語の配慮表現が多く用いられていることがわかる。ある程度の表現選択の自由度があり、個人間の相違が見られるが、それでも配慮表現の発想が全体としては共通していると見ることができる。

　逆に相違点として顕著なのは、日本語は文末表現が多様に分化しているのに対して中国語はあまり分化していない点である。この点は、日本語の「～けど」という言いさしが中国ではなかなかできないことや、日本語では評価者が上位にいることを示すため丁寧体ではなく普通体が用いられているのに対して、中国語にはそうした文体の違いがないことなどに顕著に現れている。また、「～ではないか」の多義性や「～のではないか」との違いが中国語で適切に反映できない点も翻訳に際しては課題になるだろう。

9.4.2　副詞「ちょっと」と"一句"、"一下"、"有点"

　（9）は大学生どうしの会話で、女子学生が男子のクラスメートに尋ねている。

（9）「ちょっと訊きたいんだけど、そういうのが日常生活の中で何かの役に立ってる？」（"那我问你一句，这东西在日常生活中有何用处？"）

（ノルウェイの森 下（原文）挪威的森林（訳文））

　この質問において話者である女子学生は、英語の文法知識を対象として

「役に立たない」という《−評価》を表現しているが、これは英文法知識の価値を主張する男子学生への《反論》でもある。《非難》ではないが、それに類するFTAとしてここで検討する。

　ここで前置きに用いられている「ちょっと」は動詞の前に用いて緩和表現としての機能を持っている。これに対応する中国語としては、"一"の数詞が付く小数量の意味を表わす"一下"などが動詞の後ろに加えられ、「ちょっと」と同じく緩和表現の機能を果たす。

　(10)、(11)の「ちょっと」は、原義の低程度の意味を捨象して緩和表現として機能するのみならず、評価語「おかしい」と結合して慣習化することにより、配慮の機能を含んだマイナス評価の成句となっている。その結果、「ちょっと」はむしろマイナス評価のマーカーとなるようである。

(10)　住めば都で、住んでいるところを好むのは結構なことであるが、国籍が疑われるような言動はちょっとおかしいと思ったことである。　　　　　　　（適応の条件）
(11)　「ちょっと、ひどすぎる」（"有点太过分了"）

　(11)は日中両言語に見られる表現で、マイナス評価の強調表現「ひどすぎる」との組み合わせにより、「ちょっと」との原義との意味的ギャップが目立ち、その発信者の意図と配慮がよりはっきりと示される表現となっている。その結果、中国語の"有点"もまたマイナス評価のマーカーとなっている。このことは(10)「ちょっとおかしい」の中国語訳"有点奇怪"にもそのまま当てはまる。このようにマイナス評価のマーカーと言えるまでに慣習化しているものは、9.2.3で仮説として述べた「攻撃表現」に該当するのではないかと考える。相手の発言や行動への《不満表出》を行う際の独立語文的な「ちょっと！」や怒りを込めた《命令》や《忠告》に際しての「ちょっと外へ出ろ！」などの「ちょっと」も同様の意味で「攻撃表現」と言えるのではないだろうか。この仮説は中国にも当てはまり、"一句"、"一下"、"有点"は攻撃表現として慣習化していると考えられる。

　ただし、日本語では「ちょっと、ない」とも言えるが、中国語では、"*有点, 没有"とは言えないため、日本語の「ちょっと」のほうが中国語の"有点"

よりも若干使用の幅が広いと言える。

　(12)の"有点倔（ちょっと強情）"も(11)と同様、中国語の"有点"と評価語が結合して、配慮を含むマイナス評価の成句となっている。日本語訳では「いっこく者」と意訳されている。

(12) "我听说啦。"满屯正用手接着一根粗大的麻绳，他用铁丝一边把它们连接在一起，一边不时抬头看看道静，说，"老头可是好人。又老实，又忠厚，可就是认死理，<u>有点倔</u>。你还是想法子替你那父母赎点罪吧！"（「聞いたよ」満屯は、太い麻縄を針金でつなぎながら、ときどき顔をあげて、道静の顔に目をやった。「だが、あのじいさんは、いい人間だ。正直で、まじめで、ただ、こうと思いこんだら、絶対に変えない、<u>いっこく者だ</u>。やはり、あんたが両親の罪のつぐないを、するこったな」）

(青春之歌（原文）青春の歌（訳文）)

　(13)は筆者の上記の考えを裏付ける例でもある。

(13) 「それはともかくその人とは別れた<u>方がいいんじゃないかな</u>？お互いのために」と僕は言った。（"说到底，还是同她分手为好<u>吧？</u>对双方来说。"）

(ノルウェイの森 下（原文）挪威的森林（訳文）)

　日本語の「〜んじゃないか」は前述の(8c)でも見た通り、「〜のではないか」の縮約形で話者の判断を不確かな事実として述べる緩和表現である。ここでは「その人」へのマイナス評価を含む《忠告》のFTAを緩和する配慮表現となっている。中国語の"〜吧？"は肯定的文末詞であり、「〜のではないか」と同様、マイナス評価などに使われる場合、語気を和らげ、聴者への配慮を表す機能を有する。「〜のではないか」も"〜吧？"も、その機能的特徴とその慣習的用法が定着した結果、配慮を含むマイナス評価のマーカーとして慣習化しており、仮説に従えばこれも「攻撃表現」として慣習化していると考えられる。

9.4.3 タイ構文と"想〜"

次に、欲求不満の表現にタイ構文を用いる例を見ておきたい。

(14) 府の担当者は「当初は比較的若年層が多く、むしろ『量が少ない』『<u>もっとがっつり食べたい</u>』という声もあった」と説明する。ところが、高齢者が多くなった昨秋以降に「揚げ物が多すぎる」「脂っこい」との意見も増えたという。不満の背景には、感染者の負担はないが、当初は１食 500 円だった価格もある。

(https://news.yahoo.co.jp/articles/cd1b8e18342b95ab0be50e1a6e3fdac3d9f464a3)

(14) の下線部「もっとがっつり食べたい」(想吃得更多)は話者の願望を述べているように見えるが、それを通して感染者へのお弁当の量が少ないというマイナス評価を婉曲的に表現している。この場合、中国語でも同じく願望構文の"想〜"を用いることができ、意味機能的には日本語と同じと言える。(15) は強い《主張》、(16) は《反論》であり、いずれも《非難》と同様、聴者にとって FTA となる文章でタイ構文が用いられている例である。

(15) ここでは工業の再配置と関連して将来の空港整備の考え方について二点だけ<u>指摘しておきたい</u>。(在这里，<u>我仅提出</u>与工业重新布局有关的今后修建机场的<u>想法</u>。)

(日本列島改造論（原文）　日本列島改造論（訳文))

(16) 「車椅子に乗った人が、ひとりで行動するのは危険だ」「障害者は、社会で守ってあげなければならない弱者である」注意書きの背景にあるのは、このような考え方ではないだろうか。しかし、<u>ここで根本的な問題をあらためて問い直したい</u>。果たして、障害者は本当に社会から守ってもらわなければならない弱者なのだろうか。(这种提示语的出现自有其背景。是的，在常人的意识中，乘坐轮椅者单独行动是很危险的，或者认为残疾人是应该受到社会保护的弱者。但是我不认为这样的看法正确。<u>我要问</u>，残疾人果真是让社会保护的弱者吗？)

(五体不満足（原文）五体不満足（訳文))

ただ、日本語のタイ構文の場合、人称制限の効果により一人称代名詞を省略することが多いが、中国語の場合は、一人称代名詞を使用することが多

い。また願望を表わす"想～"以外に、その前の動詞構文の意味文脈によって"我要问"の"要"や"我仅提出～的想法"の"想法"なども言える。このように日本語のタイ構文に対応する中国語の表現は複数のスタイルにわたることに留意しなければならない。

　日中両言語間における人称代名詞の必要性の異なりは、他の構文にも見られる。例えば、日本語の「～と思う」では一人称代名詞を用いないことが多いのに対し、これに対応する中国語の"我（们）认为～"においては一人称代名詞の使用が不可欠である。この相違点から日本語では話し手自身のことを取り立てて強調しない特質が見られる。モノ化ではなく、個人が背景に溶け込むコト化的主観性表現を好む特質がうかがえる。その結果、「～と思う」が断定を緩和する配慮表現としての特質をより強く持つようになったのではないかと考えられる。

9.4.4　反語的表現

　反語的表現の使用にも共通性が見られる。(17a)の「(かつて)～はいただろうか」は中国語の"(曾经)有过～吗？"と対応する反語的表現である。

(17)　加藤氏は「夢は当選して、小池百合子氏と結婚する。(小池氏は)落選するような情けない男は相手にしない。ついでに私事で恐縮ですが、めでたく結婚できるようにご支援お願いします！」とアピール。ₐかつて政見放送を婚活の場に利用した候補者はいただろうか。

　　　　（https://news.yahoo.co.jp/articles/63a13b7e5ba44f05bed705dcf58a0cf290969aa4）
(17a)　かつて政見放送を婚活の場に利用した候補者はいただろうか。(曾经有将政见广播用于婚活场合的候选人吗？)

　(17)の記事全体の文脈からもわかるように、話者の懐疑的態度・マイナス評価が表現されており、効力としては「かつて誰もそんなことをした人物がいないほど非常識な行為だ」と述べている。しかし表面上は疑問形式を取ることで、その非常識さの判断を聴者に委ねる婉曲表現の形で《非難》を緩和する配慮表現としているのである。(18)の「～のは自分だけだろうか」

もこれに類する配慮表現である。

(18) この人に全く魅力を感じない<u>のは自分だけだろうか</u>？どこがいいのか全く分からない。（只有自己一个人感觉不到这个人的魅力吗？我真不知道哪里好。）
（https://news.yahoo.co.jp/articles/1c58a14f690a602b68c6a3ee58e2fc88b271c159）

これは「この人に全く魅力を感じない」というマイナス評価に聴者を巻き込むことで評価の正当性を主張し、話者個人の評価責任を緩和しようとしているのである。中国語でも同様の反語表現で述べることができる。
　BCCWJでは「～のは自分だけだろうか」が3件、「～のは私だけだろうか」が17件、見られたが、その大半が《非難》であった。そのいくつかを掲示する。

(19) 決して何の責任も取らず、貰うものは貰う姿は、アメリカの某証券会社のトップと重なる<u>のは自分だけだろうか</u>？　　　　　　　　　　　　　　（Yahooブログ）
(20) 本人にしてみれば、オランダでプレーしたという経験があるのかもしれないけれど、正直この五輪の中で最も期待を裏切ったのはこの選手だと感じた<u>のは自分だけだろうか</u>？？　　　　　　　　　　　　　　　　　　　　　（Yahooブログ）
(21) 国内向けに、こんな危険な国債を売り続けているのは、いったいどういう気持ちなのかと問いたいのは<u>私だけだろうか</u>。　　　　　　　　　　　　　（資産崩壊）

　いずれも素材評価ではあるが公開された文章であり、実質的に《非難》に相当する。同様の表現が中国語でも多く用いられる。「～のは自分（私）だけだろうか」はもはや緩和表現を含む《非難》のマーカーとなっている。中国語でも同様の緩和表現が多用される。

(22) 只有我觉得白鹿不好看吗（白鹿が美しくないと思うのは私だけでしょうか？）
（https://zhidao.baidu.com/question/1054241819866286619.html）
(23) 只有我觉得易烊千玺不帅吗（易烊千玺がかっこよくないと思うのは私だけでしょう

か？）

(https://zhidao.baidu.com/question/1805033223693570547.html)

（22）、（23）の"只有我觉得～吗"は日本語の「～と思うのは自分（私）だけでしょうか」と対応する構文である。（22）の「白鹿」は中国の女優の名前であり、（23）の「易烊千玺」は中国の男優・歌手の名前である。いずれもマイナス評価語の"不好看"、"不帅"との共起で話者の緩和表現を含む《非難》が行われていることがわかる。

このような反語表現が緩和表現を含む《非難》のマーカーとなっているということはこれも 9.2.3 の仮説に従って、インポライトネスの慣習的表現である「攻撃表現」の一種であると見なすことができる。

以上で、マイナス評価における配慮表現の様々な用法を取り上げ論じた。品詞レベルにも構文レベルにもある程度の慣習性が見られ、文字通りの構文スタイルと間接発話行為としての語用論的機能との関係性が分析できた。日中共通的部分とそれぞれの形態的特徴も考察できて、マイナス評価だけではなく他の発話行為にも共通的類型論的規律性が探究できたと言えるであろう。

9.5　まとめ

本章では、評価という発話行為にはプラス評価とマイナス評価があることを起点として、発話機能としては素材評価である《＋評価》と《－評価》、対者評価である《賞賛》と《非難》の区分を明示し、特に対者評価のマイナス評価である《非難》における聴者へのフェイス侵害を補償する配慮表現の使用を中心に日中両言語の発想の共通性や表現形式の相違などを見てきた。本章の考察の成果を整理すると以下の 4 点に集約できる。

① 配慮表現の発想の共通性
　　《非難》のフェイス侵害度を緩和する緩和表現については日中両言語で共通の発想を持っているものが多くあった。その例として、（1）程度副

詞の原義を捨象して緩和機能に慣習化した表現として日本語の「ちょっと」と中国語の"一句"、"一下"、"有点"が対応、(2) 願望構文を用いて現状への不満を《非難》する場合の日本語のタイ構文と中国語の"想〜"、(3) 直接的な《非難》を避けて反語的表現を用いる。日本語の「〜と思うのは自分だけだろうか」と中国語の"只有我觉得〜吗"、など。これらは発想が共通している通言語的な配慮表現と言える。

② 配慮表現の表現形式の多様性
一方で、表現形式の多様性から日中両言語における相違が生じている部分もある。特に日本語は文末表現の活用形や終助詞などが豊富であるうえ、文脈依存性の高さによってもたらされる多義性も中国語にはない特徴である。例えば、日本語の「〜ではないか」に見られる多義性が対応する中国語の、"不是〜吗？"には見られない点、また、「〜ではないか」と「〜のではないか」との異なりが中国語では表現しわけられない点などに顕著に表れている。「〜ではないか」のような多義的表現の意味解釈は文脈に依存するわけだが、文脈依存度も概して日本語の方が中国語よりも高いと言えるだろう。また、日本語では接続助詞の文末使用を言いさしというが、これに対応する中国語の表現がないことも 9.4.1 で見た通りである。

③ スピーチレベルとインポライトネス
本章ではこれまでの配慮表現研究ではあまり言及してこなかったインポライトネスにもアプローチした。日本語には普通体と丁寧体を使い分けるスピーチレベルがあり、日本語の文末表現の多様性を表す１つであり、中国語は単一のスピーチレベルしかない。日本語では、丁寧体で会話していた人が途中から普通体にシフトした場合、親しみを表現するために笑顔でそれを行ったならば、そのスピーチレベルシフトはポライトネスと言えるが、相手への怒りが高じて《非難》や《反論》を強く訴えるために普通体にシフトしたとすればその際のスピーチレベルシフトはインポライトネスである。本章の場合、(8)で同業の先輩から後輩へい

わゆるダメ出しを連発する際、一貫して普通体を使用している。仮に普段は双方が普通体を使用する親しい関係だったとしても、この文脈では小室氏側が秋元氏に普通体は使いづらく、秋元氏の普通体は一方的なもので威圧的に映る。したがってこれもインポライトネスの一環と言える。

④　インポライトネスと攻撃表現

本章では配慮表現を含む《非難》の表現が慣習化した場合を「攻撃表現」と呼ぶ新たな試論を行った。これは日中両言語に対応して見られる。それに該当する表現として本章では、日本語の「ちょっと」と中国語の"一句"、"一下"、"有点"、日本語の非難用法の「〜のではないか」と中国語の"〜吧？"、日本語の反語表現「〜と思うのは自分（私）だけだろうか」と中国語の"只有我觉得〜吗"を「攻撃表現」と呼ぶことを試論として提案した。

　以上、本章では日本語と中国語におけるマイナス評価の様々な表現を検討しながら両言語間に見られる普遍性と個別性の諸相を見てきた。配慮表現として普遍性と個別性を踏まえ、今後の日本語教育、中国語教育、両言語間の翻訳などに活かしていくことが必要である。インポライトネス、攻撃表現などの試論を含めて今後の研究を継続してまいりたい。

注
1　聴者（addressee）は話者がコミュニケーションの相手として意図する心的存在を表す。客観的な聴き手である"hearer"とは厳密には異なるが、本章ではそのことを問題にしない。なお、本章では、書き言葉の筆者を話者に、読者を聴者に、それぞれ含むものとする。
2　(7)の用例出典は日中対訳コーパス（北京日本学センター）である。以下「原文」と「訳文」とが並ぶ用例出典は同様である。

参考文献

安達太郎（1999）『日本語疑問文における判断の諸相』くろしお出版
小野正樹・李奇楠編（2016）『言語の主観性』くろしお出版
佐伯彰一・芳賀徹編（1987）『外国人による日本論の名著』中公新書、中央公論社
山岡政紀（2008）『発話機能論』くろしお出版
山岡政紀編（2019）『日本語配慮表現の原理と諸相』くろしお出版
山岡政紀・牧原功・小野正樹（2010）『コミュニケーションと配慮表現』明治書院
山岡政紀・牧原功・小野正樹（2018）『新版日本語語用論入門』明治書院
吉本啓（2007）「金田一春彦編『日本語動詞のアスペクト』」『日本語学』4月臨時増刊号 pp.115-117. 明治書院
李奇楠（2016）「『批判』の発話について」『日本語コミュニケーション研究論集』5: pp.31-42. 日本語コミュニケーション研究会
李奇楠（2020）「賛否両論の発話について」『日本語コミュニケーション研究論集』9: pp.8-26. 日本語コミュニケーション研究会
Brown, P. & S. C. Levinson（1987）*Politeness: Some Universals in Language Usage.* Cambridge: Cambridge University Press.（ブラウン、レヴィンソン　田中典子監訳（2011）『ポライトネス 言語使用における、ある普遍現象』研究社）
Culpeper（2011）*Impoliteness: Using Language to Cause Offense.* Cambridge: Cambridge University Press.
Langacker, R. W.（2008）*Cognitive Grammar: A Basic Introductions,* Oxford: Oxford University Press.（ラネカー　山梨正明監訳（2011）『認知文法論序説』研究社）
Leech, G.（1983）*Principles of Pragmatics.* London: Longman.（リーチ　池上嘉彦、河上誓作訳（1987）『語用論』紀伊國屋書店）
Searle, J. R.（1979）*Expression and Meaning: Studies in the Theory of Speech Acts.* Cambridge: Cambridge University Press.（サール　山田友幸監訳（2006）『表現と意味』誠信書房）

第 10 章　副詞による賛同表現の日英対照

甲田直美・西田光一・山岡政紀

10.1　はじめに

　日本語では事実性を確認する副詞「たしかに」が、会話において賛同表現として用いられることがある。この場合の「たしかに」は独立語文的に先行発話への賛同を表し、事実性の原義は捨象されている。一方、英語でも同様に事実性の副詞が独立語文的に賛同を表すことがある。しかし、日本語の「たしかに」とは違い、事実性の原義が完全に捨象されておらず、慣習化の度合いは異なる。本章ではこの慣習化には、相手への一致を最大化するポライトネスの原理 (Leech 1983)、グライスの協調の原理が関わることを示す。

　配慮表現はポライトネス機能が慣習化したものであるから、どの言語にも通言語的に見られるはずである。ただし、どのような文脈でどのような語句においてポライトネス機能が慣習化するかは個別言語固有の事情による。通言語的に共通性の多い配慮表現であっても、慣習化の違いによって当該の配慮表現の使用文脈の制約が言語によって異なる場合がある。

　慣習化のプロセスとして、事実性の強調が対話内で賛同を強めるために使われ、応答詞として用いられる。このような機能拡張が見られるものに、事実性、真実性の副詞がある。日本語の「本当に」、「まったく」や英語の"absolutely, certainly, definitely, right"など、日英両言語に共通して見られる事実性の副詞による賛同表現は多くある。本章では、事実性を確認する副詞が賛同表現として慣習化した点で共通する日本語の「たしかに」と英語の"exactly"を中心に、慣習化の違いを指摘する。そして、慣習化に作用するポ

ライトネスの原理、グライスの協調の原理による推論の誘発が機能拡張に関わることを検討する。

10.2 日本語の事実性の副詞による賛同表現への慣習化現象

10.2.1 事実性を表す副詞「たしかに」

日本語において、事実性を表すナ形容詞「確かだ」は連用形「確かに」の形で副詞的に用いられることが多い。現代日本語書き言葉均衡コーパス（BCCWJ）で検索したところ、「確か」18,042例のうち、「確かに」が12,172例にものぼり、全体の67.46%にも及んでいる。辞書によっては、「たしかに」を独立語の副詞として見出し語に登載する辞書もある（『三省堂国語辞典第七版』）。本章でも「たしかに」を副詞として扱い、本文では仮名表記とする。

副詞「たしかに」の原義は、被修飾語となる動詞句が表す事象に事実性を付与することである。事実性（factuality）とは客観事象と言説との一致を指す概念である（cf. Lenker 2007）。（1）、（2）は事実性の原義が生きている「たしかに」の副詞用法の例である（下線は本章の筆者、以下同じ）。

（1）　代金を確かに受け取りました。
（2）　「刑事さんからも、その点を聞かれましたが、おっしゃる通りです。私がその用で氷沼さんの部屋を訪ねたとき、歌水先生と確かに顔を合わせましたよ。とりとめもない話ですが、言葉も交しました。」

（BCCWJ, 加賀友禅愛憎殺人）

いずれも「たしかに」は話者が当該事象を事実と認識していることを表しており、話者はその事実性について責任を引き受けることになる。

10.2.2 事実性の副詞から会話における賛同表現へのシフト

会話では事実性の副詞が賛同表現へとシフトする現象が見られる。（3）では先行話者のターンにおいて述べられた事象の事実性を後行ターンの話者が

追認することで、結果として後行発話の発話機能が《賛同》となる。

（3）「で中学生の修学旅行が今五月なのね」「うん」「で東京駅にもうすんごい団体がいっぱいいるの」「うーん確かにいっぱいいるね」
(CEJC, C002_015)
（4）「…マシン自体もストレスがかさんで、ついつい電力を無駄食いして自己管理を怠ってしまうから、ハードやソフトにトラブルが発生しやすい…」「はい。たしかにおっしゃるとおりです」
（電脳セッション）
（5）「うん、フランスは嫌い」「フランスは嫌いってどういうことや。フランス語が、嫌い？」「うん、あの先生とかあんまり好きじゃなかった」「あー、確かにね。あの先生、今の1年生の人にも嫌われてるらしいよ」
(NUCC, data077)

このように副詞「たしかに」の使用が、会話において相手発話の事実性を認める機能を付与されれば、「自己と他者との意見一致を最大限にせよ」(Leech 1983) という一致の原則（agreement maxim）に沿ったポライトネス機能を果たすこととなる。言い換えれば、原義における事実性（＝客観事象と言説との一致）が、《賛同》（＝他者の意見と自己の意見との一致）へとシフトする、ということである。副詞「たしかに」が当該文脈において臨時に帯びるポライトネス機能が慣習化していけば、配慮表現の下位範疇としての賛同表現と認定されることになる。

10.2.3　副詞から応答詞が派生

賛同表現としての慣習化に伴い、相手の発話に対する応答として独立語文的に用いられる事例も多く見られる。

（6）「今日、おすし食べにいく」「うそ、いいなー」「両親と行くとさ、気にしないで何でも頼めるよね」「うん、確かに」　　(NUCC, data067)
（7）「まあ仕事とかでも、あっちこっち出ていきたいなと思ってるのもあ

って、でも反面、えっ、それってまずいんじゃないみたいなのもあって」「あー。確かに」　　　　　　　　　　　　　（NUCC, data064）
（8）JFO016 ＝私もねでも、北京と天津には行ったんですけど、なんかね、すぐ行ける距離だから、あそこは。
JFO016 　確かにねー、うん。
JFO016 　でも、北京はすごいですね。
JFB023 　そうですね。　　　　　　　　　　　　　　　　　（BTSJ）

　これらの事例において、「たしかに」は相手の先行発話の述語を後方から修飾する後置修飾語であると捉えれば、談話文法レベルでの副詞と見ることもできる。そのことが先行発話と後行発話との結束性を生み、相手の先行発話への《賛同》を表す一種の談話標識（discourse marker）としての機能を発揮する。結果的に、応答詞（はい、いいえ、そう等）としての機能を持つことになる。
　『BTSJ日本語自然会話コーパス2020年版』のうち、大学生、大学院生による会話（雑談部分）、133会話、42時間5分29秒から「たしかに」を検索してみると、同一文中に被修飾語が共起している副詞用法が161例であるのに対して、独立語文として現れる応答詞用法が317例にも及ぶ。応答詞用法が全体の66.3％を占めていることになる。それだけ、「たしかに」の賛同表現としての機能が慣習化して定着していることを物語っていると言える。同様に副詞が慣習化して賛同・共感表現として機能する語彙群に、「なるほど、まったく、本当（ほんと、ほんとに、本当に、ほんまに）、やはり（やっぱり、やっぱし、やっぱ）」などがある。

10.2.4　事実性の原義を喪失して賛同のみに特化する現象

　「たしかに」には賛同表現として慣習化に伴い、事実性の原義を喪失して不確実な推測や主観的判断への賛同にも用いられるという興味深い現象がある。

（9）「ひょっとしたらあの男が犯人かも」「たしかに」

(10) 「どうも冬に半袖は着れん」「あー、あっ、でも上に着るで別にいいかなとか思う」「そう、なのに、さ、だめなのね」「こう、固定観念が」「固定観念」「うん」「寒いぞっていう」「そう」「絶対無理」「あー、確かに」「それはあるかもしれん」「でもそうやっていうと、お母さんにさ、会社の子でも半袖着とるよとかって言われる」（NUCC, data077）

　(9)は推理小説ドラマを視聴しながらの会話を想定した作例で、確証のない推測に賛同するときにも「たしかに」が使えることを物語っている。(10)は「冬に半袖の服は着られないという固定観念」という主観的判断に対する賛同に「たしかに」が用いられており、事実性は捨象されている。

　先に副詞が慣習化して賛同・共感表現として機能する語彙群として、「なるほど、まったく、本当、やはり」などを挙げたが、これらも同様に事実性を喪失した文脈で賛同の談話標識として使用することができる。(11)は「ほんと」、(12)は「ホントに」の例である。

(11) 「な、何とかその、あの、ゴムののりではれないかゆうたら、こりゃ無理だなあなんて言われてやね」「おっかしいね」「あれはほんとに悲しい出来事だったねえ」「ほんと」「欠陥ぞうりもいいとこだよ」
　　　　　　　　　　　　　　　　　　　　　　　（NUCC, data037）
(12) 　もしかして多摩一…いや、東京一薄いかつ丼かも知れません。いやホントに。　　　　　　　　　　　　　　　（BCCWJ, Yahoo ブログ）

10.3　英語の事実性の副詞による賛同表現への慣習化現象

10.3.1　事実性を表す副詞 "exactly"

　英語の副詞 "exactly" もまた、その原義において事実性（factuality）を表し、客観事象と言説との一致を強化する機能を持つ点で日本語の「たしかに」と共通している。

(13) At that point they were playing for pride, and hoping to make the final score more respectable. That's exactly what they did.（COCA, 2012 Blog）

(14) As soon as they were free to separate from each other, that is exactly what happened—whether it was during lunch, before class, or during breaks.
（COCA, 2012 Blog）

(13) や (14) で exactly は事実性を表すため、これらの文が事実を表す限り、例えば (14) では that is exactly what happened と that is what happened には実質的な違いはない。むしろ、Quirk et al.（1985: 618）が述べるように、exactly は当該文脈で使われていることばの選択が正しいというメタ言語的な意味を伝える機能がある。

10.3.2　事実性の副詞から会話における賛同表現へのシフト

英語の会話でも事実性の副詞が賛同表現へとシフトする現象が見られる。(15)では先行話者の《主張》に対して、後行話者が "exactly" を用いて《賛同》の意を表している。ここでも原義における事実性が、一致の原則の充足として機能することで、"exactly" が賛同の機能を有している。原義における事実性（＝客観事象と言説との一致）が、賛同（＝相手の意見と自身の意見との一致）へとシフトする。これは「自己と他者との意見一致を最大限にせよ」（Leech 1983）という原則に沿ったものである。

このような事例は多く見られ、慣習化していることが認められる。

(15) "It's not because we're too lazy or don't like exercise; it's because at so many gyms, the culture is all about punishing and depriving yourself, not moving for the joy and genuine health benefits." "This is exactly it, and exactly why I will never do any exercise in a class situation, or with a personal trainer."　　　　　　　　　　　　　　　　（COCA, 2012 blog）

概略的に言うと、(15) の "exactly" は相手が言っていることが正確なことを表し、相手がグライスの協調の原理、特に質の原則に従っていると想定され

る以上は、言っても言わなくても発話の真理値を左右せず、冗長ですらある。むしろ、話し手が "exactly" を言う意味は、相手が言っていることが正しいとして、自分との一致を伝えることにあるとして良い。

10.3.3　副詞から応答詞が派生

　賛同表現としての慣習化に伴い、相手の発話に対する応答として独立語文的に用いられる事例も多く見られる。

（16）"I think he is a top artist in USA",
　　　 "<u>Exactly</u>!"
（17）"THIS is an example of healthy thinking. Great role model and I am happy to see her head is on straight."
　　　 "<u>Exactly</u>. Different people, different body types. ..."　（COCA, 2012blog）
（18）"They can't even say they did it to avoid the embarrassment of a divided vote because nobody outside the convention stopped talking about the hurricane long enough to note the final vote count, anyway." "<u>Exactly</u>. Even sans hurricane, only MSNBC would consider touching this story."
　　　　　　　　　　　　　　　　　　　　　　　　　　（COCA, 2012blog）

　この場合も、"exactly" は相手の先行発話の述語を後方から修飾する後置修飾語と考えれば、先行発話と後行発話との結束性を生む一種の談話標識（discourse marker）となり、賛同表現としての機能をより鮮明にしている。結果的に、yes, no, really などと共に応答詞の一種として機能することとなる。

10.3.4　事実性の原義を完全に捨象できるか

　しかし、(19)、(20) のように不確実な推測への賛同には使いにくいことから、英語の賛同表現 "exactly" "absolutely" は事実性の原義を完全に捨象して用いることはできないと考えられる。

（19）"I guess that guy may be a culprit.",

"??Exactly!"
(20) "I feel like it's going to rain tomorrow.",
"??Absolutely."

この場合、"I guess so." "I feel so." "I have a kind of similar feeling." のように、後行発話も推測で賛同していることを明示しなければならない。同じく賛同表現の応答詞として使用される他の副詞（absolutely, definitely, indeed など）も同様に、事象との照合において事実性に乏しい発話への賛同に用いることはできない。

一方、主観的な判断への賛同には使用できる。

(21) "I think we should stop complaining and focus on what we can do!",
"Exactly!"
(22) "Do you really think he did that?", "Oh, absolutely!"
(23) "So, you're saying she is correct?", "Yeah, definitely"

これらの例で "exactly" は事実性とは異なる真実性 (truthfulness) を表現している。ここで、英語の "exactly" には日本語の「たしかに」にはない使用上の制限があることが見えてくる。それは、"exactly" で相手に賛同しようとする話し手は、相手の話題に不確実な推測が含まれていないか確認する必要があるという制限である。言い換えると、英語の "exactly" は日本語の「たしかに」よりグライスの「十分な根拠はないことは言うな」とする質の原則に忠実度が高い。より厳密に言うと、"exactly" は応答詞として「十分な根拠がないことに対しては言うな」という制限に従う。

10.4　用法の拡張と推論

事実性の標識は事実性を表す用法だけではなく、意味を強調する場合と相手に賛同する場合がある。事実性の副詞が応答詞となり、賛同表現として用いられる過程には、もとの事実性の語義が薄れ、強調の副詞にシフトしてい

るという事情がある。

　次は話者が自身の住環境について考えながら話している場面であるが、対象の事実性に言及するというよりは、自身の考えを強調あるいは同定しているようにみえる。

(24)　「うん、だから、特別なものに囲まれた生活っていうのは日常じゃないんだよね、僕の中では。だから、そのーね、都会にも、まーピンキリありますけどー、本当、確かにねー、渋谷駅で、子育てしろと言われたら"ノー"と答えるね(＜笑い＞)、＜笑いながら＞極論を言うと。」
(BCCWJ)

　前接する「本当」も同様に、真実性に言及するというよりは発話内容を強調している（甲田 2022）。真実性、事実性とは、焦点の置き方は異なるが、いずれも対象となる事象のリアルさを確認するものである。甲田（2022）で述べたように、『日本国語大辞典』で「現に」、「事実」、「実際」、「実」の項目を見ると、それぞれの意味に「本当に」「まことに」という真実性の意味の記載がなされている。一方、「本当」をみると「事実がはなはだしいこと。また、そのさま」という事実性を含む意味記述が見られる。辞典での意味記述、実際の使用例では現代語でも歴史的にも真実（truth）と事実（fact）の意味はオーバーラップしている。これらの語義についていうと、事実は「実際に起こった事柄。現実に存在する事柄。」、真理は「うそ偽りのないこと。本当のこと。」（松村明監修『デジタル大辞泉』小学館 2019 年版）とされる。この区別を探れば、事実はありのままであるのに対して、真実は、背後に隠れた解釈であったり、偽りに対するものとして位置づけられる。しかし、「「実際」に起きたことが「本当」にある」かのように両者は区別されないままに説明されることが多い。そして事実性とは、述べる事象の確かにそうであることを確認するものである。これらの副詞には真実性、事実性などの意味が希薄化し、単に強調する機能が存在する。英語においても同様に、これらの表現は似通っている。Lenker（2007）によれば、OED で真実性の副詞として挙げられるものは、事実を表す類と真実を表す類の両方が歴史的に用いられ

ている。Lenker (2007) では indeed, in fact, actually が、事実性の表現が歴史的に真実性という認識論的意味を獲得してきた点で共通していることを示している。例えば、actually についていうと、段階Ⅰ：節間の副詞 (1315-)、段階Ⅱ：事実性の表現 (1590-)、段階Ⅲ：認識論的使用（主張の真実性）1760-、段階Ⅳ：談話標識 (20th cent.) という発展過程が示される（同 97）。

　これらの表現は、グライス (Grice 1975) による会話の原則からいうと冗長であるとも言える。グライスは、会話の原則として、質 (Quality)、量 (Quantity)、関係 (Relation)、様態 (Manner) を提示した。それによれば、質 (Quality) として、発言は真なるものとなるようにし、虚偽であると思うことや根拠のないことは言わないという原理原則が示されている。もし、原則に沿えば、話し手は、（真実性や事実、事実性の標識を付けなくても）真／事実／確実であることを述べているはずである。

　しかし、実際の言葉を観察すると、話し手や書き手は、ところどころに「本当」、「実は」、「実際」、「確かに」などを部分的に付加し、あえて「真実性、事実性」に言及する。この冗長さが、文脈効果を引き出し、強調や誠実性として用いられる。

　Leech (1983) で述べられるように、もちろん、実際の会話は、グライスの協調の原理にせよ原則にせよ、それらによって統御されている種類の行動を損なうことなく違反がなされうる。なぜなら、協調の原理と会話の原則は、会話の自然さに関する原理原則ではなく、情報伝達の根底にある骨組みの部分に関する原理原則であるからである。もし違反が頻繁になされるのであれば、破られてばかりでむなしい実効性がないルールとなってしまう。情報伝達の骨組みとの差分によって実際の伝達的意味が決定される。

　発話が真であることを前提にコミュニケーションが行われている中で、あえて真実性の標識を付加する理由として、甲田 (2022) では、謝罪や依頼場面で誠実性を示すためにこれらの標識が談話内で用いられることを示した。これらの標識の意味が希薄化し、真実／事実／確実等の区別が曖昧となり、そして強調表現として用いられるのは、グライスが言うように、我々の言葉の利用の前提に事実であるということが内包されているからである。「たしかに」、「本当に」などが付加している部分が、特別に確からしさや真実性を

訴える場面でもなく、一般的事象に付加しているように見える場合がある。このような場合には、Lenker（2007）によれば、以下のような洞察が展開されている（甲田 2022）。

　命題の真実性や事実性を副詞によって述べることは、「求められている以上の情報を与えるな」という量の原則に反する。しかし、グライスの仮定に従えば、原則のために話が進まなければ、深いレベルで原則が働いていると想定することになる。協調の原理の仮定を守るような推論が働くと解釈するのである。もし話し手や書き手が真実性や事実性をこれらの標識を使って言い表すなら、聞き手の誘発した推論は、真実や事実を述べるこれらの項目の意味は命題や語彙のレベル以外で見つけられるはずである。最初の期待されるレベルは、主観化の増幅を示唆するものとして、強意として理解する。もし強意でないとき、談話の構造それ自体という深いレベルで解釈される、と述べられている。

　これらの標識が謝罪や依頼場面で誠実性を示すために談話内で用いられるのは、言葉の用い方として導入の案内役として事実性が提示されるのであり、グライスの協調の原理の仮定は守られている。すなわち、事実であることをことさら言及する必要性を持っている。しかし、本章で考察した賛同表現の場合には、対人関係上の配慮から賛同をより強く示すためのものである。

　日本語、英語ともに事実性の標識が、賛同表現として用いられるのは、事実であることに言及することによって相手に賛同する方が、肯定表現（はい、yes 等）より強く同意することができるからである。一致を最大限に表明するために、より強い表現が求められるからである。ここに、対人関係上の行為として相手にとって望ましいもの（利益、賞賛、一致）を最大化し、相手にとって望ましくないもの（負担、非難、不一致）を最小化しようという Leech（1983）のポライトネスの原理が作用しているのである。

　Leech（1983: 82）は、ポライトネスの原理とグライスの協調の原理を比較し、協調の原理はことばの内容を整えるように話し手を導くが、ポライトネスの原理はさらに広く、ことばを通じて相手と社会的関係を整えるように話し手を導くため、協調の原理より上位に位置すると論じている。そのため、

社交辞令やお世辞のように、協調の原理には違反していても「自己と他者との意見一致を最大限に」する表現が適切に使われることになる。

　これは一見、いかにも通言語的に妥当するように思われるが、本章で見てきたとおり、英語の応答詞用法の"exactly"には当てはまらず、会話の質の原則違反をポライトネスの原理で救済できないわけである。

　各言語で語用論的原則の優先順位が違うとも言えるが、別の可能性としては「たしかに」と"exactly"は語義に違いがあるので、相手との会話を円滑に進めるという機能でも両者に慣習化の違いがあると考えられる。つまり、「たしかに」は事実性に加え、「たしかに、あの男には任せておける」や「たしかに5年前の話です」のように信用できること、安心なことという意味があるが (cf.『広辞苑』第七版岩波書店)、この意味が"exactly"にはない。この細かな語義の違いが英語の"absolutely"などの他の副詞にも当てはまるか、今後の検証が必要である。ただ、これらの副詞に事実性の意味しかなく、話し手の主観的な安心の意味が表せないとすると、今後も英語の"exactly"などは相手に賛同する機能だけには慣習化していかないと予想される。

　本章の議論は、Leech (1983) のポライトネスの原理と Brown and Levinson (1987) (以下、B&L) のポライトネス理論の違いにも関わるところがある。既に知られているとおり、B&L のポライトネス理論は定義上、相手のフェイス (face) の尊重という概念で一貫させてあるが、リーチのポライトネスの原理は、利益と負担、賞賛と非難、一致と不一致といった対比を基にした計6つの原則を組み合わせたもので、概念的には一貫していない。むしろ、ことばの表現方法を一貫させた点にリーチの特色があり、相手に都合が良いことは最大化して表し、自分に都合が良いことは最小化して表すという表現方法にポライトネスの根拠を求めることになる。

　このように表現方法の特徴を軸としたポライトネスの理解は、本書が考える配慮表現、特に形式と用法が慣習化し、パターンとして取り出せるものに近く、B&L のポライトネスからは遠い。B&L のポライトネスは、言語表現の中にはなく、あくまで言語使用に伴う推論の問題だからである。

　ここで、「たしかに」や"exactly"などが、どういう意味で相手への一致を

最大化しているか明らかにしておく必要がある。Leech（1983: 108）の考えでは、相手への負担しか表さない "Answer the phone." はポライトではないが、相手への負担を最小化して表す "Could you possibly answer the phone?" はポライトである。言い換えると、前者は発話全体に占める負担の表現の比率が100％なのに対し、後者では全6語のうちcouldとpossiblyの2語で負担を打ち消し、さらに疑問文にして断定を避けているため、概算で、発話全体に占める負担の表現の比率が5割程度までに下がると見積もられる。

　相手への一致の最大化は発話に占める一致表現の比率から理解可能とすると、「たしかに」や "exactly" などが、これに最も適合する応答詞になることは明白である。特に「たしかに」や "exactly" だけの短い応答は相手への一致を純粋に100％表すからである。反対に、英語では不一致を相手に伝える応答が、"Excuse me.", "Forgive me.", "Give me a break." のように不一致の理由が話し手の方にあると示唆する表現が慣習的に使われることも相手への不一致の最小化から導くことができる。つまり、語義上、相手への不一致を表すことばを発話内で0％にする工夫があるわけである。

　第3章3.3でも触れてあるように、一般に会話では相手への賛同は手短に伝えることができるが、不一致は単に「違う」や "No" などの一言では済ませられず、不一致の理由などを言い足すことが一般的である。ここから、リーチの言う一致の最大化と不一致の最小化が個々の発話のレベルを超え、会話のストラテジーとしても有効なことが見えてくる。つまり、一致を伝える発話はシンプルに一言で相手への一致の最大化を表し、むしろ余計なことばを足さない方が100％の一致表現を保つことができる。反対に、不一致を伝える発話が理由などを足して長くなる傾向にある理由は、発話全体に占める不一致表現の比率をできるだけ小さくする努力が話し手に求められるからである。

　「たしかに」と "exactly" のように個々の表現に関しては語義や慣習化の度合いが違うため、ポライトネスの原理と協調の原理のどちらを優先するかという点でも違いが生じる。一方、会話を通じた人間関係の構築に関しては、相手との一致を伝える発話は一致表現だけを手短に、相手との不一致を伝える発話は不一致表現が目立たなくなるように全体を比較的長くというストラ

テジーが個別の単語等の語義に拘束されないので、ポライトネスの原理が通言語的に妥当すると考えられる。もちろん、今後の実証が必要である。

10.5 まとめ

以上述べてきた日英の事実性の副詞「たしかに」と"exactly"の慣習化プロセスは以下の表のようにまとめることができる。

表1 「たしかに」と"exactly"の慣習化プロセス

		たしかに	exactly
①	言説の事実性を述べる	○	○
②	相手発話の事実性⇒賛同の表明	○	○
③	賛同の談話標識（応答詞）	○	○
④	相手発話に事実性なし⇒賛同に特化	○	×

(25) 事実性の副詞の慣習化プロセス
　　①言説の事実性を保証する
　　②相手への賛同を表明する
　　③賛同の談話標識として機能する
　　④事実性を捨象して賛同に特化する

　日本語の副詞「たしかに」「本当に」等と、英語の副詞"exactly"、"absolutely"、"definitely"、"indeed"等の慣習化プロセスが共通している（①–③）点を通言語的な普遍性と認めることができるが、慣習化が「事実性」の原義を完全に捨象して賛同のみを表す④まで到達する日本語と、「事実性」を捨象せず③までで留まる英語との文脈上の制約の異なりを押さえておく必要がある。
　Leech (1983)の「ポライトネスの原理」では言語情報の事実性よりも相手との対人的融和が優先されるとするが、英語よりも日本語の方がこの主張に合致している点が興味深い。そのことが配慮表現の慣習化の度合いとして

現れることに留意し、今後の対照研究において検証したい。

付記

本章は、日本語用論学会第 24 回大会ワークショップ「配慮表現の普遍性と個別性をめぐって」(オーガナイザー山岡政紀) (2021．12．18) における「副詞による賛同表現の日英対照」に基づいています。

参考文献

甲田直美 (2022)「真実性に言及する談話標識」齋藤倫明・修徳健 (編)『語彙論と文法論をつなぐ―言語研究の拡がりを見据えて―』pp.153-182. ひつじ書房

陳若婷・白川博之 (2012)「副詞「確かに」の機能」『広島大学日本語教育研究』22: pp.33-40. 広島大学日本語教育講座.

新村出 (編) (2018)『広辞苑 第七版』岩波書店

山岡政紀・牧原功・小野正樹 (2018)『新版　日本語語用論入門』明治書院

山岡政紀編 (2019)『日本語配慮表現の原理と諸相』くろしお出版

李丹 (2021)「応答発話における副詞『たしかに』の機能について」『日本語と中国語の副詞』日中対照言語学会編 pp.57-77. 白帝社

Brown, Penelope and Stephen C. Levinson (1987) *Politeness: Some Universals in Language Usage,* Cambridge: Cambridge University Press.

Grice, Paul (1975) Logic and Conversation, In Cole, Peter and Jerry L. Morgan (eds.), *Syntax and Semantics 3: Speech Acts*, 41-58. New York: Academic Press.

Leech, Geoffrey (1983) *Principles of Pragmatics,* London: Longman.

Lenker, Ursula. (2007) *Soplice, forsoothe, truly*—Communicative Principles and Invited Inferences in the History of Truth-Intensifying Adverbs in English. In Fitzmaurice, Susan and Taavitsainen, Irma (eds.), *Methods in Historical Pragmatics*, 81–105. Berlin: Mouton de Gruyter.

Quirk, Randolph and Greenbaum, Sidney and Leech, Geoffrey and Svartvik, Jan. (1985) *A Comprehensive Grammar of the English Language.* London: Longman.

用例出典

【日本文】現代日本語書き言葉均衡コーパス (BCCWJ)、名大会話コーパス (NUCC)、日本語日常会話コーパス (モニター公開版) (CEJC)、BTSJ 日本語自然会話コーパス

【英文】The Corpus of Contemporary American English (COCA)

あとがき

　言語学界、語用論学界に一石を投じるべく企画した意欲的な本書が、執筆陣、編集者をはじめ多くの方のご協力を得て、ここにようやく完成を見た。本書を締めくくるに当たり、配慮表現研究の萌芽から執筆陣の出会い、そして、本書としての結実に至るまでを記してあとがきとしたい。

配慮表現研究の出現と YMO の結成

　配慮表現研究が日本語学のなかに姿を現したのは決してそう昔のことではない、2000 年前後のことだった。日本語には他者への配慮に基づく固有の表現が存在することを指摘する論文が没交渉の研究者たちから散発的に発表されたのだ。「ちょっと」、「ぜひ」、「かもしれない」、「もの（終助詞）」に関する論考が相次いで発表され、そのいずれも論文キーワードに「配慮」の文字があった。そのなかには Brown & Levinson のポライトネス理論を説明原理に用いているものもあったが、それも決してポライトネス理論の日本語への応用を企図したものではなく、たまたまその時期に日本で浸透しつつあったポライトネス理論がそれらの語群の機能の説明原理として役立つことに研究者が気づいて援用したのだ。これらの研究群が小さな渓流となっていることに気づいたのが山岡政紀だった。そして、「ちょっと」の配慮的な用法の研究を手掛けていた牧原功（以下、敬称略）と山岡が旧知だったことからまず山岡と牧原が連携し、さらにその共通の友人で筑波大学大学院同窓の小野正樹にも声をかけ、3 名で共同研究を始めたのが、本書を構成する研究チームの中核となった"YMO"である（あの著名なアーティストグループではない）。

　配慮表現が日本語だけのものでないことに YMO は当初から気づいていた。山岡の勤務先である創価大学と北京大学との友好交流として 2003 年に計画されていた日本語学国際シンポジウムを「配慮表現シンポジウム」と銘

打ち、その年の3月に北京大学、同6月に創価大学にて2度開催した。山岡がここに牧原、小野を招いて行ったのが、YMOとしての最初の研究発表だった。そして、北京大学側のホストとしてこの企画の趣旨に賛同し、共同開催を推進したのが李奇楠だった。李は依頼に際して配慮表現を用いる現象は中国語にもあると考え、6月のシンポジウムでは山岡と連名で「依頼表現の日中対照研究」との発表を行った。YMOの配慮表現研究は初期の頃から李を通して中国語への拡張を企図して始まっていたのである。

科研費研究チームの拡大

　山岡は科学研究費補助金（以下、科研費）に研究課題「発話機能を中軸とする日本語配慮表現データベースの構築」を掲げ、牧原、小野を研究分担者として採択を得た（基盤研究C、研究期間2013～2016年度）。あいにく海外機関勤務者は日本の科研費の研究分担者になれないが、李は研究協力者としてチームに加わることとなった。さらに、牧原の紹介でやはり筑波大学大学院出身の金玉任が研究協力者に加わり、日中韓対照の研究体制が整った。

　配慮表現研究の進展、科研費研究課題の成功に伴い、より大規模な研究チームの編成が必要と考え、基盤研究Bに挑戦すべく、研究分担者12名、研究協力者14名の大プロジェクトチームを編成し、研究課題「日本語配慮表現辞典の基盤形成のための配慮表現正用・誤用データベースの構築」を申請し、採択を得た（研究期間2018～2021年度）。ここに研究分担者として新たに加わったなかに西田光一と甲田直美がいた。いずれも主たる研究テーマは違っていたが、不思議にもその研究は配慮表現と接点があり、研究チームへの参入を快諾してくれた。特に英語学の西田はBrown & LevinsonやGoffmanの理論に関する知見を有しており、研究チームの理論基盤の強化にも貢献してくれた。また、研究協力者に小野の紹介でエジプト出身のリナ・アリが加わり、アラビア語の配慮表現にも着手することとなった。西田、甲田、リナともに筑波大学大学院を経て各所で活躍する同窓生である。つくづく同窓の好は有難く、感謝に堪えない。

日本語用論学会での二度のワークショップと本書の刊行

　拡大した科研費研究課題のチームには各言語の専門家が加入していたことから、この利点を活かして配慮表現研究を日本語のみならず多言語に展開していく流れができつつあった。そこで、科研費研究期間の3年目と4年目の2度にわたり、日本語用論学会の年次大会で多言語の配慮表現に関わるワークショップ（以下、WS）を行った。この2度のWSをたまたま聴講していたひつじ書房の松本功房主が強く関心を寄せてくださり、書籍化の提案をいただいたことから本書刊行の運びとなったのである。

　ここで2度のWSの各発表題目とそれをもとに執筆した本書各章との関連を以下に記す（大会は2度ともオンライン開催、章は本書の各章）。

WS: 配慮表現の対照研究（第23回大会、2020年11月）
　　発表1. 配慮表現はいかに普遍的であるか　⇒第1章
　　発表2. 日本語の配慮表現　⇒第2章
　　発表3. 英語の配慮表現　⇒第3章
　　発表4. 中国語の配慮表現　⇒第4章
　　発表5. アラビア語の配慮表現　⇒第7章

WS: 配慮表現の普遍性と個別性をめぐって（第24回大会、2021年12月）
　　WS趣旨説明　配慮表現の普遍性と個別性をめぐって　⇒第1章
　　発表1. 配慮表現に関わるテンスの日英対照　⇒第8章
　　発表2. 禁止表現における背景化の多言語対照
　　発表3. マイナス評価の配慮表現に関する日中対照　⇒第9章
　　発表4. 副詞による賛同表現の日英対照　⇒第10章

　2020年のWSでは各言語における配慮表現の現状報告、2021年のWSでは個別テーマによる言語間の対照研究を中心に行った。さらに書籍化の提案をいただいてからは、新たに第5章「韓国語の配慮表現」と第6章「タイ語の配慮表現」を書き下ろして追加することとした。第5章は金、そして第6章は小野の紹介によるスワンナクート・パッチャラーパンが執筆することとなった。本書全体を通しての基礎理論となる第1章を山岡・西田・李の3名が日英中の3言語対照をもとに執筆し、その方針をもとに全章を監修しながら編纂していくため、この3名が本書全編の編者を務めることとなった。こ

の編者 YNL は全編各章を通読して 3 者で協議し、それを著者陣へフィードバックするという作業を丹念に行ったため、上梓までに時間を要した。

　そのうえで、配慮表現研究チームを初期から支え、著者陣の人材の糾合に貢献した牧原、小野は陰の編者とも言える存在である。その意味で本書は YMO を基盤として生まれた YMO+NL の連携の一書と言える。

配慮表現研究の世界展開と謝辞

　日本語用論学会での 2 度の WS を経て、配慮表現研究の多言語展開への意を強くした我が研究チームは科研費基盤研究 B の新課題「多言語配慮表現データベースの構築と配慮表現辞典の編纂」（研究期間 2022 ～ 2025 年度）の採択を得て、挑戦することとなった。本書は前課題での研究を基盤としつつ、本課題の多言語配慮表現データベースの構築に着手するなかで時間をかけて精査、検討を重ねてきた研究成果である。科研費の企画、審査、給付に係る文部科学省、日本学術振興会の事業に心より謝意を表します。

　また、この配慮表現の概念を世界に周知し、広く研究者の関心を喚起すべく国際語用論学会（IPrA）でもこの研究チームで 2 度パネルを行った。panel "Contrastive Study for Considerate Expressions", (17th Conference, Jun/2021, online), panel "Types and Processes of Conventionalization of Communicative Expressions", (18th Conference, Jul/2023, Université Libre de Bruxelles) の 2 度である。配慮表現研究の世界展開も今後、漸次加速していくことになるだろう。

　あとがきを終えるに当たり、貴重な出版の機会を与えてくださった株式会社ひつじ書房の松本功房主のご高配に厚く御礼申し上げます。編集・校閲を担当し、著者陣を丁寧にガイドしてくださった森脇尊志様をはじめ、同社の皆様にも御礼申し上げます。最後に、編者からの無遠慮な要求にも忍耐強く対応し、執筆を完遂してくれた著者陣一同に心からの謝意を表します。

　2025 年 4 月

編者　山岡政紀

索　引

あ
《挨拶》　74, 93, 108, 110, 111, 116, 126, 134
アイロニー　2

い
言いさし　178
怒り　182
一人称代名詞　184
イディオム　61, 62, 67, 70, 152
井出祥子　5, 20, 38
《依頼》　8, 17, 74, 90, 93, 98, 99, 110, 111, 118, 119, 126, 136
依頼表現　90
インポライトネス　2, 171

う
宇佐美まゆみ　21, 41
ウチ・ソトの関係　33

え
演述（Assertives）　168

お
「おじゃまします」　21
「おはよう」　76
「おはようございます」　76
「おめでとう」　26

か
回避儀礼（avoidance ritual）　31
会話の原則　200
会話の推意（conversational implicature）　66
会話のストラテジー　203
書きことば　83
「〜かな？」　180
「かもしれない」　4
感謝表現　27
慣習（convention）　6
慣習化（conventionalization）　6, 26
慣習化の勾配（性）（gradience）　8, 66, 69
慣習的用法（ステレオタイプ的用法）　85
《感情表出》　124, 126, 173
間接的発話行為　58, 59, 152, 162, 168
「頑張って！」　26
願望構文　184
緩和機能　167
緩和表現　107

き
疑問　92

疑問構文　178
鏡像関係　163
協調の原理　191, 192, 196, 200, 201
禁止表現　91

く
くだけた言い方　84
句動詞 (phrasal verb)　62, 69

け
敬意表現　5, 20, 38, 40
敬語　29, 30, 32
形容詞文　173
結束性　197
「〜けど」　180
言語景観 (linguistic landscape)　150, 156, 157, 160, 165
謙譲語　34, 35, 36, 48
原則違反　202
謙遜の原則 (modesty maxim)　46, 170
謙遜表現　17, 46, 48

こ
攻撃表現　171
高コンテキスト文化　132
コードスイッチング　62, 63, 68, 69, 70
国語審議会　5, 20, 37, 38
「ご笑納ください」　3
コト化　185
ゴフマン　31
語用論的条件　91
コンテキスト化の合図 (contextualization cues)　57

さ
「さようなら」　81
《賛同》　18, 141
賛同　92
賛否両論　172

し
《自虐》　176
自己中心性 (egocentricity)　64, 69
事実性 (factuality)　191, 195
時制操作　152, 153
自尊心 (self-respect)　31
自他動詞　142
「自分で言うのも何ですが」　47
謝罪　89
謝罪表現　90
「じゃね」　81
死喩 (dead metaphor)　7
終助詞　179
自由の相互承認　58, 68, 69
縮約形　84, 181
《主張》　107, 123, 126, 184
消極的儀礼 (rite négatif)　30, 32
《賞賛》　169
賞賛表現　43
《助言》　108
真実性 (truthfulness)　198
親疎　93

す
遂行表現　174
「凄い」　44
スピーチレベルシフト　2
スル表現　173

せ

成句　183
積極的儀礼（rite positif）　30
接触（Contact）　57, 153, 154, 155, 156, 160, 162, 163, 165
絶対敬語　32
是認の原則（approbation maxim）　45, 170
「ぜひ」　4
「僭越ですが」　21

そ

《贈与》　17
素材敬語　32, 34, 36
「それではまた」　81
尊敬語　34

た

代案提示表現　143
タイ構文　184
対者敬語　32, 34, 36
対人関係　85
タイトル　156, 157, 159, 160, 161
タイトル（見出し）　158
多義性　181
「たしかに」　18, 19
ダ体　173
談話構造　150, 161
談話の構成　59
談話標識（discourse marker）　194, 195, 197, 200

ち

《忠告》　16, 74, 91, 93, 106, 110, 111, 120, 126, 139
中国語の語気助詞　179
聴者　187
「ちょっと」　4, 103
「ちょっと、ない」　182
「ちょっと待って」　88

つ

ツェルタル語（Tzeltal）　51
「つまらないものですが」　3, 17

て

デアル体　173
低コンテキスト文化　132
提示儀礼（presentational ritual）　31
丁重語　34, 35, 36
丁寧　90, 176
デスマス体　173
「〜ではないか」　181
デュルケーム　30

と

同意の応答　57
導管メタファー（Conduit Metaphor）　54, 68, 70
動機づけ（motivation）　6
動詞構文　185
動詞述語　174
動詞文　173
「〜と思う」　185
「〜と思うのは自分（私）だけだろうか」　189

な

「何」　47
名前　53

に

日中対照研究　74
人称制限　184
認知意味構造　86

ね

ネガティブフェイス（negative face）　8, 31, 98
ネガティブポライトネス（NP）　32, 94, 98
ネガティブポライトネスストラテジー1　48
ネガティブポライトネスストラテジー2　46

の

「〜のではないか」　181
「〜のは自分だけだろうか」　185

は

場　20
配慮（considerateness）　31, 42
配慮代名詞　47
配慮表現　1, 40, 73, 94
発語内行為　162
発話機能　81
発話行為　86, 187
話し言葉　83
ハラスメント　2
反語的表現　185
反応的発声（response cries）　58
《反論》　182, 184

ひ

非慣習的表現　86
否定疑問構文　177
《非難》　167
皮肉　171
評価　92, 167
評価語　183
評価度　175

ふ

不一致　202, 203
フェイス（face）　31, 51, 61, 63, 70, 98, 171, 202
フェイス侵害行為（face-threatening act：FTA）　8, 98, 132, 133, 151, 154, 164, 167, 176
付加疑問文　57
普通体　176
不同意の応答　57, 58, 68
《不満表出》　182
ブラウン&レヴィンソン（Brown and Levinson）　29
プラス評価　167
プロソディー　55
文構造　150, 161, 163
文末表現　188

へ

ヘッジ　16, 46, 107, 120, 139, 177

ほ

法助動詞　53, 56, 67, 152
ポジティブフェイス（positive face）　8, 31, 98, 108, 118
ポジティブポライトネス（PP）　33, 78, 98
ポジティブポライトネスストラテジー 2　45
ポジティブポライトネスストラテジー 4　36, 39
褒め　92
ポライトネス　167
ポライトネスストラテジー　1, 176
ポライトネスの原則　138
ポライトネスの原理（politeness principle）　6, 170
ポライトネス理論　1, 29, 39, 98

ま

マイナス評価　167
マウンティング　2, 171
前置き表現　102
「待つ」　86
マルチトラックモデル　52, 54, 62, 63, 65, 68

み

見出し　149, 157, 159

め

名詞止め　158, 159
名詞表現　165
《命令》　35
命令形　173

メタファー（隠喩、metaphor）　7
「滅相もない」　19

も

モダリティ　162, 163
「もっと」　180
モノ化　185
模倣関係（iconicity）　157
「よ＋ね」　179
「よろしくお願いします」　28

や

「やばい」　46

り

リーチ（Leech, G）　6
リンガフランカ　52, 61, 62, 63, 64, 67, 69

れ

連語化　59
連帯（solidarity）　53

わ

別れの挨拶　83
わきまえ（discernment）　20

ん

「～んじゃないか」　181

アルファベット

"Ana shayfa"（私はそう思う）　140
（Approbation Maxim）　170
B&L（Brown and Levinson）　5, 20, 31,

39, 45, 48
「bâaŋ」　127
"belzabt"（その通りだ）　141
"Can you …?"　9
「chûay」　119, 127
"Congratulations!"　26
「dâay」　119, 127
「diikwàa」　122, 127
"exactly"　19, 195
"fenak"　136
「forsa saʕida」　135
FTA（face-threatening act）　⇒ フェイス侵害行為の項を参照
FTA 度計算式（computing the weightiness of an FTA）　48
"fiʕlan"　141
Hall　132
「hây」　119, 127
Kaplan　131
「khít」　123
「khuan」　122, 127
"kindly"　19
Lakoff, R　138
"law ana"（私だったら〜）　140
Leech　6, 45, 46, 171
「máy」　120
"mumkn"　137
「nɔ̀y」　119, 127
PPS（positive politeness strategy）　109
"saħ"（正しい）　141
「sàwàtdii」　116
「sàwàtdiikhráp」　117
「tôŋ」　120
"Thank you"　27

"Would you mind …?"　7
「ʔàat/ʔàatcà」　123, 127
「ʔèɛp」　124, 125, 127

中国語
"吧？"　180
"不是〜吗？"　181
"等等（děng děng）"　88
"等一下"　88
"对不起（すみません）"　90
"更"　180
"回见"　81
"回头见"　81
「能不能〜？」（Néng bùnéng〜？）　11
「能〜吗？」（Néng〜ma？）　11
"你好"　78
"您早（おはようございます）"　77
"稍（ちょっと）"　90
"晚安（おやすみなさい）"　79
"万不可（てはいけない）"　92
"晚上好（こんばんは）"　79
"我（们）认为〜"　185
"想〜"　185
"一下"　90, 189
"有点"　189
"再见"　81
"早安（おはようございます）"　77
"早点睡吧（早く寝なさい）"　79
"早点儿休息（早く休んで）"　79
"早上好"　76
"只有我觉得〜吗"　187, 189

ハングル
「까해서（かと思って）」　104

「는데（が／けど）」　105
「만나서 반가워요（お会いできてうれしいです）」　108
「미안하지만（すみませんが）」　102
「세요（お〜なさいませ）」　100
「아／어 주세요（てください）」　99, 100
「어디 좀 가고 있어요（ちょっとそこまで）」　109
「오랜만이에요（お久しぶりです）」　109
「저（あの）」　102
「좀（ちょっと）」　103, 104
「죄송하지만（申し訳ありませんが）」　102
「지도 모른다（かもしれない）」　107
「지 않을까（じゃないか）」　108

執筆者紹介

【編著者】

山岡政紀（やまおか まさき）

1962年生まれ。京都府京都市出身。1989年筑波大学博士課程単位取得退学。博士（言語学）。筑波大学助手、創価大学講師、助教授、カリフォルニア大学バークレー校客員研究員を経て、創価大学文学部教授。
（主著）『日本語の述語と文機能』（くろしお出版、2000年）、『発話機能論』（くろしお出版、2008年）、『新版日本語語用論入門』（明治書院、2018年、共著）、『日本語配慮表現の原理と諸相』（くろしお出版、2019年、編著）

西田光一（にしだ こういち）

1970年生まれ。東京都新宿区出身。2000年筑波大学博士課程修了。博士（言語学）。下関市立大学経済学部准教授、同教授等を経て、山口県立大学国際文化学部教授。
（主論文）"An Anaphora-Based Review of the Grammar/Pragmatics Division of Labor," (*BLS* 44, 2019)、「談話内のことわざの代用機能とグライスの協調の原理の再評価」（『語用論研究』20, 2019年）

李奇楠（りきなん、Li Qinan）

1968年生まれ。中国天津市出身。2002年北京大学博士課程修了。博士（文学）。北京大学助手、講師、准教授を経て、北京大学外国語学院教授。
（主著）『言語の主観性―認知とポライトネスの接点―』（くろしお出版、2016年、共編）、『日本語配慮表現の原理と諸相』（くろしお出版、2019年、共著）、『日本語語用論研究』（外語教学与研究出版社、2021年、共著）

【著者】

小野正樹（おの まさき）
1965年生まれ。愛知県名古屋市出身。1998年筑波大学博士課程単位取得退学。博士（言語学）。ドイツ・フンボルト大学客員講師、筑波大学助手、講師、准教授を経て、筑波大学人文社会系教授。
（主著）『日本語態度動詞述語文の情報構造』（ひつじ書房、2005年）、『日本語教育研究への招待』（くろしお出版、2010年、共編）、『言語の主観性―認知とポライトネスの接点―』（くろしお出版、2016年、共編）

金玉任（きむ おぎむ、Kim Ockim）
1958年生まれ。韓国ソウル市出身。1997年、筑波大学博士課程修了。博士（言語学）。韓国・誠信女子大学助教授、副教授、教授を経て、誠信女子大学日本語文・文化学科名誉教授。
（主著）『分野別 現代日本語学研究』（박이정出版、2014年、共著）、『言語の主観性』（くろしお出版、2016年、共著）、『日本語配慮表現の原理と諸相』（くろしお出版、2019年、共著）

スワンナクート・パッチャラーパン（Suvanakoot Patcharaphan）
1987年生まれ。タイ・バンコク市出身。2021年大阪大学博士課程修了。博士（日本語・日本文化）。タイ・ランシット大学講師を経て、カセサート大学人文学部講師。
（主論文）「LINE上の初級日本語学習者と日本語母語話者間の会話分析」（『日本語コミュニケーション研究論集』4, 2015年）、「タイ人日本語学習者の接続詞「そして」の使用状況および要因」（『日本語・日本文化研究』29, 2019年）

リナ・アリ（Lina Abdelhameed Ali）
1984年生まれ。エジプト・カイロ市出身。2016年筑波大学博士課程修了。博士（日本語教育）。筑波大学客員研究員、カイロ大学上級講師を経て、カイロ大学文学部日本語日本文学科准教授、日本語専門翻訳学科長。
（主著）『日本語配慮表現の原理と諸相』（くろしお出版、2019年、共著）、（主論文）「日本語とアラビア語の断り発話を正当化するメカニズムについて―異文化間語用論と配慮表現の観点から―」（筑波大学博士論文、2016年）

牧原功（まきはら つとむ）

1963 年生まれ。茨城県古河市出身。1997 年筑波大学博士課程単位取得退学。修士（言語学）。国立台湾大学専任講師、東海大学専任講師を経て、群馬大学学術研究院准教授。
（主著）『習ったはずなのに使えない文法』（くろしお出版、2017 年、共著）、『新版日本語語用論入門』（明治書院、2018 年、共著）、『日本語配慮表現の原理と諸相』（くろしお出版、2019 年、共著）

甲田直美（こうだ なおみ）

1969 年生まれ。青森県八戸市出身。2000 年京都大学博士課程修了。博士（人間・環境学）。滋賀大学教育学部助教授、文部科学省在外研究員を経て、東北大学大学院文学研究科教授。
（主著）『談話・テクストの展開のメカニズム』（風間書房、2001 年）、『文章を理解するとは』（スリーエーネットワーク、2009 年）、『物語の言語学―語りに潜むことばの不思議』（ひつじ書房、2024 年）

世界の配慮表現

Considerate Expressions in the World's Languages
Edited by Yamaoka Masaki, Nishida Koichi, Li Qinan

発行	2025 年 5 月 3 日 初版 1 刷
定価	3600 円＋税
編者	Ⓒ 山岡政紀・西田光一・李奇楠
発行者	松本功
装丁者	杉枝友香（asahi edigraphy）
印刷・製本所	日之出印刷株式会社
発行所	株式会社 ひつじ書房
	〒112-0011 東京都文京区千石 2-1-2 大和ビル 2 階
	Tel.03-5319-4916 Fax.03-5319-4917
	郵便振替 00120-8-142852
	toiawase@hituzi.co.jp https://www.hituzi.co.jp/

ISBN978-4-8234-1295-0

造本には充分注意しておりますが、落丁・乱丁などがございましたら、小社かお買上げ書店にておとりかえいたします。ご意見、ご感想など、小社までお寄せ下されば幸いです。